中华武术典籍珍藏
民国武术文献选刊

第一辑　第十卷

崔虎刚　收集整理

北京体育大学出版社

责任编辑：田　露
责任校对：陆继萍
版式设计：高文函

图书在版编目（CIP）数据

民国武术文献选刊. 第一辑. 第十卷 / 崔虎刚收集整理. -- 北京 : 北京体育大学出版社, 2024.1
（中华武术典籍珍藏）
ISBN 978-7-5644-3996-5

Ⅰ. ①民… Ⅱ. ①崔… Ⅲ. ①武术－文献－汇编－中国－民国 Ⅳ. ①G852

中国国家版本馆CIP数据核字(2023)第255003号

民国武术文献选刊. 第一辑. 第十卷　　崔虎刚 收集整理
MINGUO WUSHU WENXIAN XUANKAN. DI-YI JI. DI-SHI JUAN

出版发行：北京体育大学出版社
地　　址：北京市海淀区农大南路 1 号院 2 号楼 2 层办公 B-212
邮　　编：100084
网　　址：http://cbs.bsu.edu.cn
发 行 部：010-62989320
邮 购 部：北京体育大学出版社读者服务部 010-62989432
印　　刷：北京雅图新世纪印刷科技有限公司
开　　本：710 mm × 1000 mm　　1/16
成品尺寸：170 mm × 240 mm
印　　张：9.5
字　　数：99 千字
版　　次：2024 年 1 月第 1 版
印　　次：2024 年 1 月第 1 次印刷
定　　价：98.00 元

筹委会

（排名不计先后）

王太晨　侯庆林　朱喜何　宋宝贵　宋俊芳　吴会进　王俊香　张楗军　王德俊
胡佳锋　王雨东　李青峰　史德全　吕　卓　梁文章　李宇鹏　于庆海　吕永昌
吕传泳　李景福　乔一铭　王攀峰　石大永　姬俊峰　贾国喜　吴利生　吴利民
杨志忠　胡安辉　曹中义　胡丽娟　武　冬　王　勇　陆向春　高　静　姬　才
殷文军　王苗祥　王仲文　江俊峰　张丕锋　白玉仁　刘铁铸　秦同文

【内蒙古】

刘井春　褚海东　孙根新　宋仿琛　范健宇　武静安　刘永文　郭迎宾　王浩亮
卢爱琴　乾　坤　白景春　张国华　吕瑞亭　刘世君　周彦明

【北京】

胥荣东　康戈武　徐　杰　于昕洋　肖红艳　酒大雷　姜启超　聂志涛　刘　翊
吕鸣捷　赵安平　尚远宇　王　凯　孙汝贤　牛立新　孙国中　党雪田　高晓光
贾永安　邸国勇　乔　宁　辛　强　刘　铄　程庆余　王　桐　赵天阳　左宇彤
韩俊瑛　孙嘉浜　孙文景　白石羽　德　全　欧　阳　万周迎　徐　鹏　刘路遥
李　谷　左　健　付洪波　成金俊　黄志刚　李　戈　彭　龙　陈　铁　高雪峰
王宝山　王中行　王沥斌　贞　达　孙庆丰　薛　岩　李　迎　张　斌　洛　尘
张　磊　金　微　秦保华　杨文学　王庆年　徐　许　刘福龙　孙国柱　刘满常
于　浩　张国儒　刘万成　于　江

【天津】

崔　巍　于经元　胡向阳　刘宝林　张天龙　张金旺　丁伯立　顾海波　赵文龙
王　诜　王福勇　崔媛媛　马延凯　张聚贵　孙国善

【辽宁】

刘洪刚　任　彬　于万凱　孟　涛　黄中元　高　朋　万　勇　梁　丰　孔德林
潘大庆　王秀如　臧福源　李保刚　薛圣东　孙贵东　袁　波　张　悦　韩宝轩
蒋秀山　侯　明　乔　武　刘英伟　张国志　刘计星　李金友　高　宇　马　畅
郑维钧

【吉林】

张　河　邓宇光　李　银　丁　皓　骆立文　王君波　孟　宇　徐厚祥　佟　冰
倪　郝　赵　耀　郭其武　袁洪范　刘　君

【黑龙江】

佟亮辰　张艳阳　陈玺镔　张指辉　王　皓　宋　梁　郭宝成　陈　斌　刘立国
毕文波　杜伟国　黄忠伟　李　冰　吴　俣　曹志峰　马宏伟

【河南】

张雄鹰　种明生　郭航海　王志远　贾自愿　安星林　朱利军　释延布　杜长坤
刘启飞　石　勇　王农川　郑营俊　常青州　张　艺　马众森　王占敏　巩建松
倪根上　陈近仁　李朝乾　李紫剑　邢红义　李佩革　刁修华　梁靖予　宋尚军
释延巽　李红林　赖庆新　陈万军　郝跟上　张　帆　恒　勇　王子淳　张亚东
孙明亮　魏淑云　赵振选　王会武　耿　军　买西山　买　威　时晓武　买　勇
买仁萍　仵　锋　马德占　王长明　张伟兵　代忠波　张　玮　段建民　孙保才
李小欣　酒同标　酒小郎　苗轩国　孙和龙　孙随成　焦立武　王建设　刘培兴
苗鸿宝　苗步超　张运生　苗田营　苗富强　杨德民　胥兆飞

【湖北】

徐　斌　张建生　李应龙　刘　杰　石　峰　田　浩　夏四鸿　梁靖予　陈玄机
瞿凤华　秦声浩　严　飞　姜学斌　郑桂桐　胡炳林　李德民　薛兴江　胡圣奎
王卫红　焦通章　徐赐兵　黄亚平　戴珂铭　张　显　刘秋龙　马国平　薛劲松
李志武　丁大益　黄胜文　唐俊虎

【湖南】

苏若鸣　陈开喜　王常秀　张常海　邹　骁　刘建湘　黎昌元　向军华　张继桂
蒋谷川　滕召军

【广西】

黄耀丹　夏　敏　唐晓艺　严翰秀　赖铭强　梁杰乔　张容嘉　廖贤阳

【广东】

于鸿坤　蒋荣杰　任官生　蒋子龙　张俊林　蒋化一　李湘山　刘　泉　沈建杰
余锐镔　张勇强　方　金　陈　执　毕荣俊　刘志坚　靳清江　马廉祯　吴广添
邵剑波　梁伟民　颜志图　吴启贤　陈　伟　王　贵　张梦阳　陈福和　廖锦泉
方应中　陆常康　杨亚国　房向南　陈健志　覃海权　徐　宏　梁柏清　赵刚生
江善祯　房　生　黄　熠　李伟光　贾华兵　王会哲　林国生　吴晓辉　吴立群
冼伟昭　梁文楷　黄仕君　曾奕涵　钟立强　陈会崇　杨柳标　王邦菊　张广辉
刘志添　刘春涛　杨春茂　詹亮清　莫华法　罗浩苑

【深圳】

郑喜平　周　华　李翰青　曹革林　苏洪海　梁　丰　贾永唐　徐百军　连　成
蒋定臻　王继勋

【海南】

梁昌泰　张　雷　李　秀　陈东升

【山东】

高鹏熙　李满利　张松仁　谭京杰　王　刚　马　斌　刘　毅　孙胜辉　周云峰
王玉金　尤明达　厉善祥　刁长俊　周庆春　孙丰玺　许　峰　王芝强　王　斌
刘维明　战文腾　宫智辉　倪德飞　孙思蒙　张　斌　郝代远　史　鼎　康汝宙
郭　宁　张长生　赵延俊　张胜利　张克田　周　游　刘　伟　安宝东　刘军农
董玉明　王景钏　贾友民　张树远　李保庆　王继国　王焱鹏　潘　章　高　承
李万温　张卫东　王宏全　王　伟　梁国爱　李海涛　李飞林　刘连洋　王国川
郑中华　张彦营　姚　磊　刘东强　白正刚　吕延波　洪卫国　张延斌　谷志强
孙晞棠　赵国忠　邓　桦　曹广超　周　琦　陈　雷　泰　祯　李安国　郭英新
徐西林　董志忠　张乐华　孙瑞全　张元海　刘龙昌　谭凯文　冯长源　杨　雷
张　涛　李其胜　梁殿品　张祥泽　朱宗启　薛士玉　杜孝伟　朱永强　樊　霄
杨圆义　刘道毅　李若现　王立岩　要学良　刘圭生　郭玉刚　张　鹰　李金顺
彭维利

【江苏】

杨　忠　窦小彦　许　忠　江其林　兰顺林　王存果　刘季月　周晓明　卜照生
张　亮　马　伟　时丕昌　师厚春　徐　帆　林圆龙　梁　雪　王新跃　谢逸繁
李　胜　解建昌　张爱成　沈枫涛　翟爱武　王吉波　张爱春　王海港　胥子连
毕明府　程　明　刘　通　陈军民　虞洪涛　张　滇　陈灏梁　景怀义　韩运疆
宫翠峰

【浙江】

仇富军　吕　亮　倪顺坚　孙　吉　杨秦健　张　斌　金　翰　王良辰　李继红
蔡德强　戴有木　张青松　马俊成　刘　柱　俞永辉　刘立存　李诚勤　张　俊
高宜挺　许科军　俞佐清　顾　坚　王圣华　刘小峰　杨　华　陈碧如　邓显群
顿鹏辉　江　澜　王一静　姚步高　江敏华　王纪杰　蒋　文　陈宇阳　钱周锋
周　明　蒋仲清　陈幼根　周　锋　陈沛宝　赵　青　凌风子　景　然　周美良
潘小江　卢成昌　潘石弟　凌懿文

【福建】

王福民　蔡卫权　倪忠森　王振河　张祖永　蒋秀山　许剑云　陈向荣　孟庆贺
连国汉　林　峰　俞景耀　陈恒演　涂智兴　罗建晖　林和顺　胡文辉　梁　涛
林建栋　吕信明　周　攀　杨　晗　刘有春

【安徽】

胡春泉　曹　军　钱军帅　祝安园　聂红松　江　奎　魏　冰　毛立欢　冯　皓
欧阳兴业　马　林　铁中玉　刘俊杰　王靖华　武爱东　陈晓东　徐永银
吴　笛　陈　军　赵　飙　张宏华　王　磊　吴　昊　胡卫东　吴　伟　谭全胜
刘法志　汪　泉　乔长良　朱红军　杨纯生　卫　存　卢　杰　秦　琥　王学东
聂　刚　曹其根　曹季泉　曹加才　纪良发　曹　凯　董德霖　张　博

【江西】

熊庆云　钟水清　李舒霖　郭木青　王联军　唐毓堃　张功燚　李江明　屈　群
刘　超　应宗强　李洋洋　陈　军　乐　繁　代建国　钟祥明　虞法志　章新尧
林爱兵　林国生　刘炳开　童加清　李曦初　李海斌　王禹平　崔瑞郡　李广华

【上海】

林　杰　谭振勇　朱长跃　樊永平　杨雨辰　金培贤　金俊达　尹　捷　薛怡平
鞠学东　阚水源　凌先生　孙连盛　杨志承　孙经纬　王宝财　谢琦辉　刘　志
何轻舟　吴爱民　宋　旭　游　清　释永照　董家良　董纲成　陆龙祥　陈海光
梅永福

【陕西】

李　钢　张　钢　郭华东　邵　华　杨俊伟　罗　德　董安强　贺元瑞　杜群喜
杨伟峰　王晨生　杨　坚　白永东　孙　武　陈少纯　郭桂荣

【甘肃】

郝心莲　辛富国　金　宏　李宝才　温世杰　马　伟　汪子竣

【宁夏】

杨文舜　梁杰乔　吴　涛

【青海】

马宏伟　朱春明

【新疆】

赖宝珊　任　军　黄尘哲　张新民

【云南】

黎丽辉　曾　瀚　李太宏　鄢　博　赵顺军　张晨光　叶昆生

【贵州】

杨绍平　谢明宇　刘　曦　孙鲁龙　黄　檗　刘庆涛　曾昭弟

【四川】

侯　毅　古海啸　梁军民　金　亚　李　阳　周新杰　罗　斌　王伟骅　陈兴均
曹　卉　兰　唯　唐博文　郭　建　邱湘彭　罗小波　唐　昶　黄跹洲　温昌奇

【重庆】

罗　明　徐泉森　罗先雄　曹晓东　陈治军　张文欣　张宗华　周光华　黄文才　吴洪明　刘天海　袁一晋

【香港】

李健雄　Mehdi　谢永铭

【台湾】

杨正隆

【其他国家】

黄少武　王振身　陈　闯　龙勿用　胡耀武　柳寿晨　容光远　张立彪　甲斐正也　村上正洋　片桐阳　马永光

特别鸣谢

李金明　王彩鲜　李延春　庞明泉　李　翔　智晓园　于　芳　张　梅　周兰英
安　毅　王新瑞　李克宣　崔并花　杜崇开　刘　洽　张　昭　李继光　薛思问
杨春兰　李　懿　邹德发　吴世勋　高友孝　刘瑞荫　黄兴发　王云山及其姐
袁树礼　郭荣珍　耿爱梅　刘丽俊　郝富义　李补鱼　郝锦园　杨桂芳　杨洪喜
刘怀玉　钟雪友　蔡震升　伦怡馨　高　瑛　李龙城　张魁武　柳百成　张德生
李建勇　贺国安　王慧琴　冯银刚　韩太民　韩原民　曹东红　王　浩　韩常林
韩焕茹　尤素娥　赵海凤　胡玉洁　张桂兰　田喜凤　郭宝芳　魏宏斌　袁建斌
郭　宏　马润生　冯骑明　阎文辉　焦清华　王秀丽　郭　刚　韩秀英　卢冬光
张雪刚　尹贵龙　范阿宝　朱建华　巩爱平　胡建彪　何建东　郝宪伟　郝建邦
郭仁实　高澍芃　江敬斌　薄建东　郑　炜　周　宏　吕　毅　徐用生　田春林
李　明　师维勇　韩小华　尹小玲　赵学毅　刘巧莲　任建玲　赵媛凤　义瑞珍
张玉香　张秀玲　魏巧燕　王小源　海晓霞　刘庆林　赵丽华　徐　静　姚书典
殷　岩　王小根　王海英　宁晚林　胡玉亭　乔　栋　田振山　林　纲　赵大春
朱　峻　王民忠　李　刚　顾武安　李　峰　章　青　叶林忠　贾云杰　许树华
杜　箐　刀京梅　孙慧敏　姜淑霞　王占伟　王艳玲　常学刚　梁伟民　王跃平
冉宏伟　王　蓉　苑博洋　胡志华　李博伦　宋杨萍　韩　翔　田海英
恩师朱华先生、师母冀秀珍女士
父亲崔官禄、母亲王玉莲及兄弟姐妹各家人

目录

真本岳家棍图说　下

提要

《岳家棍图说》，一册，印本，略有残损，整体无碍阅读。该书封面书名“岳家棍图说”之上有“真本”二字，扉页虽无“真本”二字，却另有“嫡派真传”四字，及“武侠社藏版”“上海中西书局印行”字样。正文之后有版权页，注明“维扬郭粹亚先生编《岳家棍图说》”，及“藏版者　墨井书屋”“出版者　武侠社”等字样，所述与扉页不尽相同，原因待考。

该书前有《序》《编辑大意》《动作名称目录》三篇辅文，从《序》中可知该书成书于民国二十年（1931 年）。《动作名称目录》显示了第一至第四路共一百个动作的名称和序号，之后有数十页内容丰富、图文并茂的“练习须知”和“动作路途说明”，其后进入对棍法的讲解。棍法讲解部分，每个动作都采用图示文注的形式，图示中以虚实线演示了动作的起、停和运动轨迹，图、文之间的版式配合默契，为读者带来了很好的阅读体验。

正文之后除版权页外，还有“中西书局发行国术书一览表”一页，收录《十八般武艺全书》等三十九种图书，以及武侠社印行、中西书局总发行的《少林武术阐宗》一套四种图书的广告一页。

总体而言，该书不仅有助于了解民国时期的武术棍法套路，对于研究当时武术图书的出版发行也有助益。

第三十四動作（名稱）青龍探爪（説明）

『足』左腿足。退向右足後方一步。（向東）膝灣後挺　右足尖向左磄轉。右腿隨身步退轉勢。曲膝微蹬　成右弓左箭步。（右足尖與身胸同方向。左足尖微向左側。）

『身』身隨步勢。同時向左後轉。（由正北轉正南。）

『手』左臂手。與身步左轉同時。由上向下一揮。直轉向左平方　成單掌勢。（拇指在上。四指指端。）（曲貼虎口。向左平方。）右臂手。亦同時換轉手勢。仍握棍之右端。（手心虎口向右。與身胸同一方向。）直垂右下方。

『棍』棍成斜垂勢。轉在腿足後方。仍為一端着地。一端在握。

『面目』轉向左視。（向東）（式如第四十三圖）

第四十三圖　青龍探爪

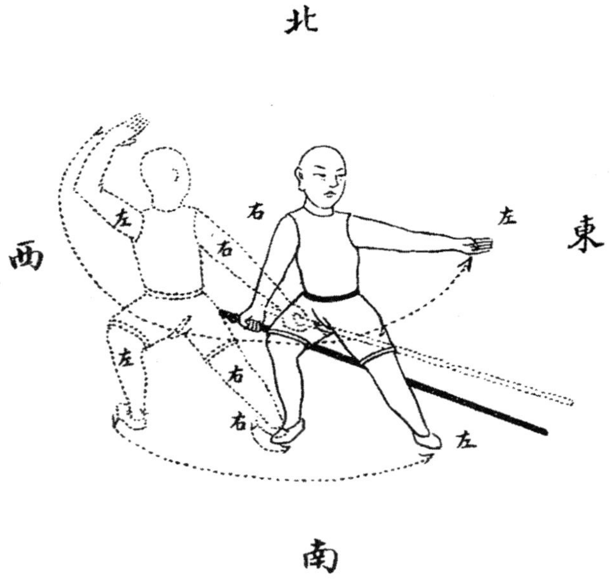

第三十五動作（名稱）左旋風腿（說明）

『足』左腿足提起。向左後方旋越。落立棍之左側。（膝微曲。足尖着力。）右腿足。隨之向左旋起空中。以右足內側向左手掌心一擊。（微偏向左）隨即下落。懸立左足前方。（膝角微曲。足尖着地。）兩足成丁步勢。立在棍之左側。

『身』與兩足左旋同時。向左後轉。（由正南。轉向東北。）

『手』右臂手。同時翻轉手虎口向前下方。仍握棍之右端。（拇指在內。虎口向外。手背向前。）直垂右後下方。左臂掌與右足一擊。隨身步腿足之變轉。曲接胸前。仍成掌勢。

『棍』斜垂體之右側。

『面目』向右。（向東）（式如第四十四圖）

第四十四圖　左旋風腿

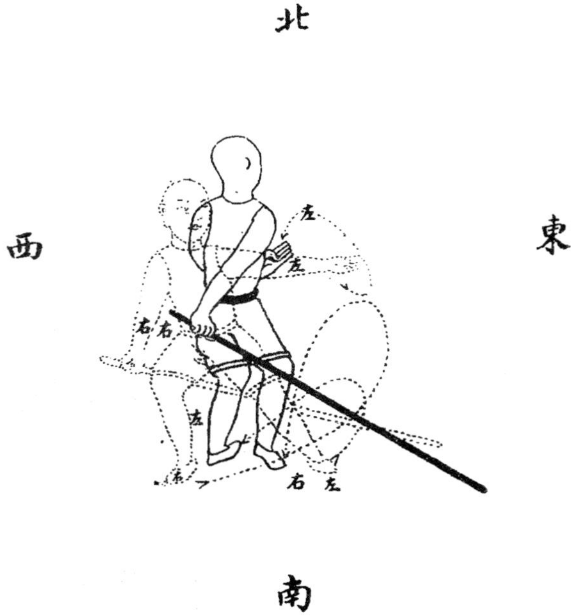

第三十六動作（名稱）孤雁出羣（說明）

『手』右臂手。先轉棍之握端。由右側翻轉向前。至右平方。轉手虎口向上。順握棍端。在身步向左轉進時。由胸前平方。向左下落至腹前左側。（手虎口轉成向左。手心向內。手背向外拇指近接左腹。）左臂手。隨身步之轉進。順勢向下。並握棍之一端。（手虎口向右。手心向內。兩手成並握勢。）

『足』右足跟落地。足尖向左碾轉。膝灣挺直後支。左腿足向左斜方一步。曲膝向左。成左弓右箭步。

『身』在手棍向左下落。足步向左轉進時。同時向左轉。（由東轉西北。）

『棍』成斜垂棍勢。一端着地。一端並握。

『面目』向右後方注視。（向東）（式如第四十五圖）

第四十五圖　孤雁出羣

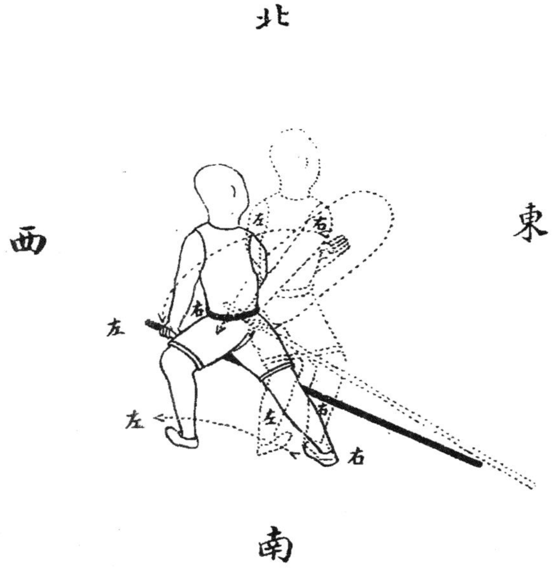

第三十七動作（名稱）鳳凰展翅（說明）

『手』右臂手先轉手虎口向右。仍握棍之左端。（手心向前。與身胸同一方向。）（手背向後。與體背同一方向。）握勢畧懸。在右足懸起。左足獨立時。順勢起棍。直抹向右平方。移握棍之右端。左臂手。亦與身步上起同時。握棍左端。直抽向左平方。兩臂手與棍。成一字平綫。

『足』右腿足。曲膝向上懸起。（膝角向右。足尖向下。近接左膝。）左腿足。直起獨立。（足跟着勁。足尖穩立。）

『身』體之重點。移在左腿。身胸半面向右轉。（由西北。轉正北。）

『棍』成橫平棍勢。棍之兩端。向左右側（向東。西。）

『面目』仍向右視（向東）（式如第四十六圖）

第四十六圖 鳳凰展翅

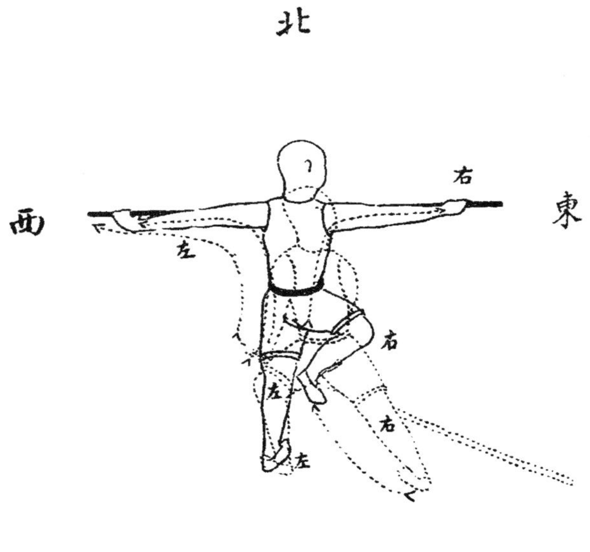

第三十八動作（名稱）側鋒右進點（說明）

『足』右懸足。向右躍進落立。曲膝下蹬。（膝角足尖。與身胸同一方向）左腿足隨之向右躍進。曲膝下蹬。懸立右足左側約半步。（足尖膝角向左。）腿面蹬平。

『手』右臂手、鬆握棍杆。隨身步之右進。仍向右平方直進。左臂手。緊握棍之左端。由左直向右搗。以棍之右端向右平方點擊。臂曲胸前。手接右肋（虎口向右。手心向內。）

『身』隨步右進。方向未轉。

『棍』棍在體之右側。成橫平棍勢。

『面目』仍向右視。（向東）

（式如第四十七圖）

第四十七圖　側鋒右進點

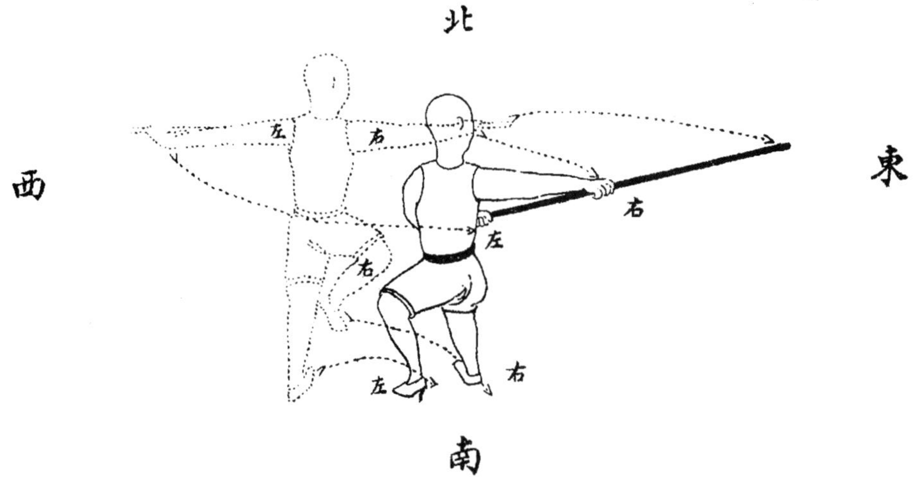

第三十九動作（名稱）左閃身（說明）

『足』左腿足向左半步。曲膝向左。右腿膝灣。挺直後支。足尖左轉。成左弓右箭步勢。

『身』隨步左進。同時半面向左轉。（由正西轉北。）體之重點。微偏向左。

『手』左臂手。握棍左端。與身步左進同時。直抽向左上方。臂肘微曲。（手虎口向右。手心向前。手背向後。拇指在下。）右臂手。鬆握棍桿。直落向右下方。（手虎口向右下方。手背向上。手心向下。）

『棍』成斜棍勢。棍之中部。貼接胸前。棍之兩端。一向左上方。一向右下方。

『面目』向右後方注視。（向東）

（式如第四十八圖）

第四十八圖　左閃身

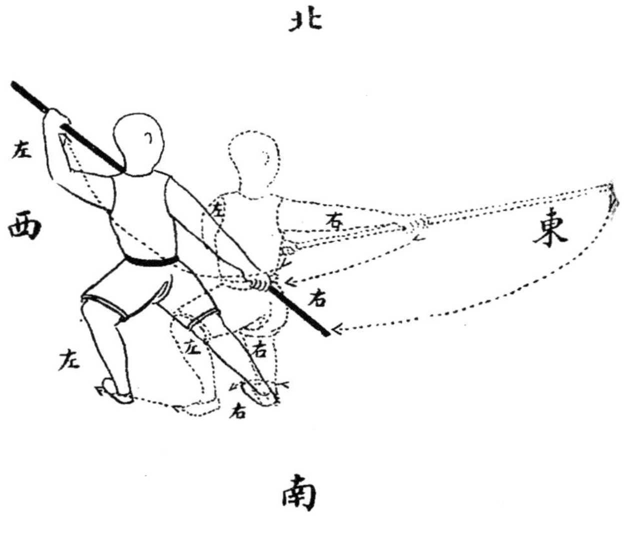

第四十動作（名稱 轉步潛鋒（説明）

『足』右腿足。進向左足前方一步直立。左腿足。隨身步之左轉。足尖左磕。隨時縮近右足前方懸立。膝微曲。足尖向前。成丁字步。

『身』身隨步進。同時向左後轉。（由西北轉東南。）

『手』右臂手。與身步進轉同時。轉棍之右端。由下至右平方。（臂肘挺直。）左臂手。握棍左端向上。隨身步手棍之轉勢。曲落左側。手握棍端近接左胸。肘角平肩向左。（手虎口向右。）

『棍』成橫平棍勢。棍之兩端。向左右側。

『面目』在右足轉進時。即向左轉。注視左方。（向東）

（式如第四十九圖）

第四十九圖　轉步潛鋒

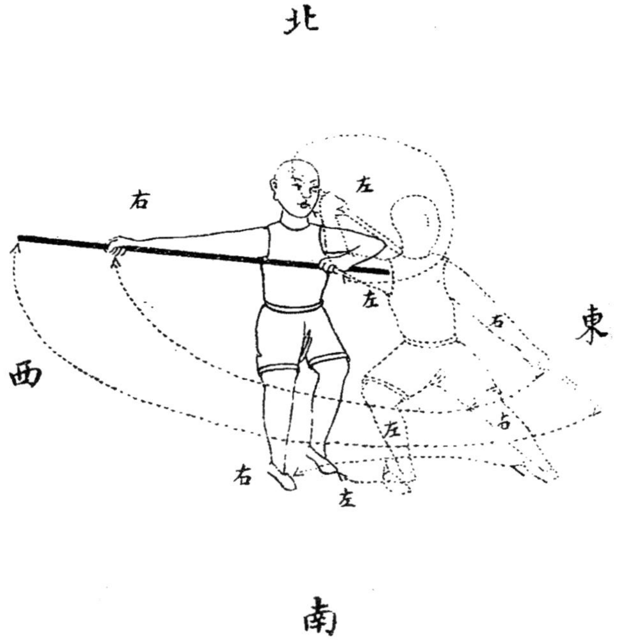

第四十一動作（名稱）平揮橫擊（說明）

『足』左腿足前進一步（向東進）曲膝向前。右腿足　膝灣挺直後支。成左弓右箭步。

『手』右臂手。握棍畧懸。平揮棍之右端。橫向左前平方箍擊。手順棍之揮轉勢。抹向左手之棍端移握。左臂手。　隨棍勢之揮轉　直向左前平方。兩手成並握一端勢。

『身』隨足步手棍之進揮。同時前進。微向左轉。（向東南）

『棍』橫擊向左前方平。一端前擊。一端並握。

『面目』向左前方注視。（向東）

（式如第五十圖）

第五十圖 平揮橫擊

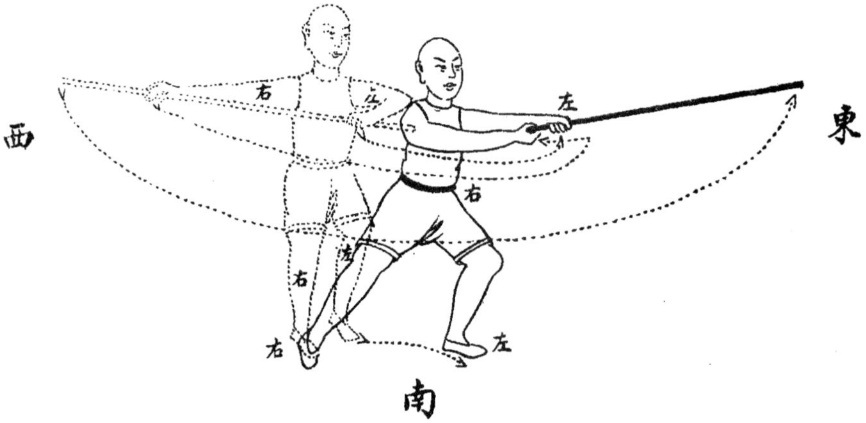

第四十二動作（名稱）玉帶橫腰（說明）

『身』體之重點。移向右足。同時身胸。隨步勢之後退。微向右轉。（向東南）

『足』右腿足直立。左腿足。向右足前方。縮回半步懸立。足尖着地。膝角微曲。（足尖膝角均向左前方。）成丁字步勢。

『手』右臂手。握棍右端。直抽棍杆。至右側下方（手虎口向左。手背向前。手心向後。）左臂手。鬆握棍杆。與身步同時。下落至左側下方。（虎口向左。手心向前。手背向後。）

『棍』成橫平棍勢。貼接腹前腰部。棍之兩端。仍向左右側方。（向東西）

『面目』仍向左視。（向東）（式如第五十一圖）

第五十一圖　玉帶橫腰

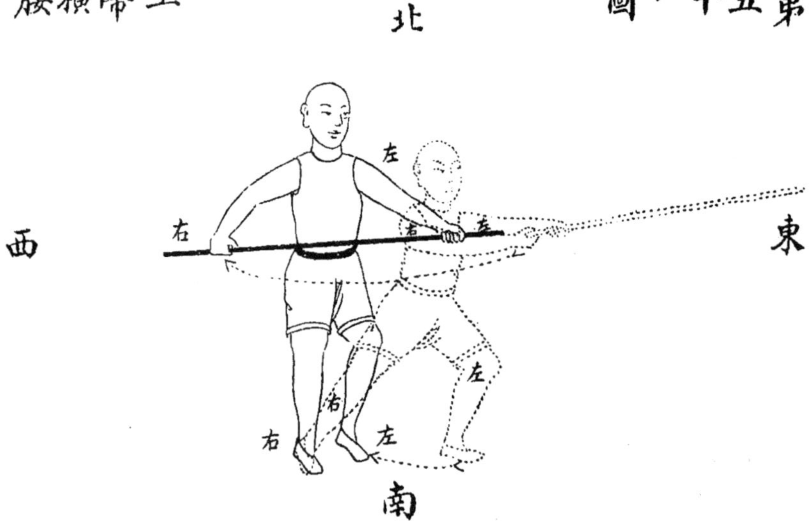

第四十三動作（名稱）左旋右蓋（說明）

『手』左臂手鬆握棍桿。轉棍之左端。由下旋轉向右後平方。臂曲胸前。手順棍之轉勢。貼接右脇。（指端向右後方。虎口向上。手心向內棍在手虎口上部。）右臂手。同時轉棍之右端。由右後方上轉。直向左前平方蓋擊。（手虎口向左前方。手背向上。）臂肘貼棍微曲。

『足』左腿足提起。微向前進懸立。同時兩腿曲膝下蹬。（左足尖膝角向左前方。右足尖膝角與身胸同一方向）

『身』方向未轉。隨步下蹬

『棍』仍成橫平棍勢。

『面目』左視未轉。（向東）

（式如第五十二圖）

第五十二圖　左旋右蓋

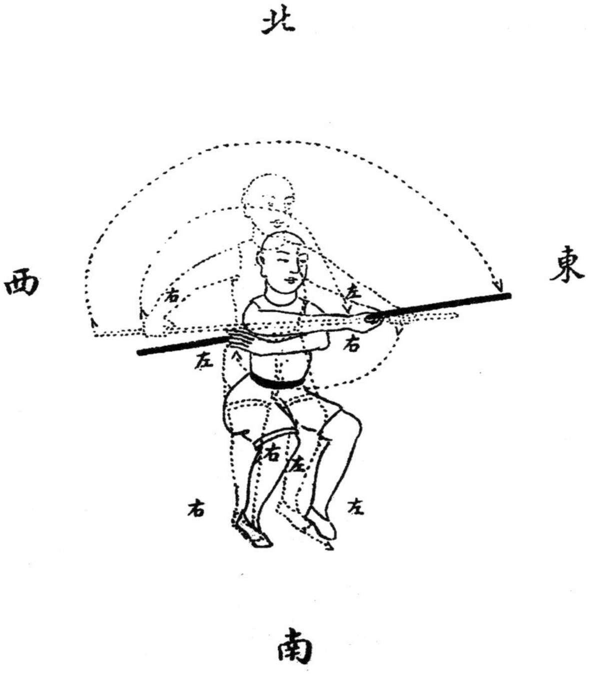

第四十四動作（名稱）右背劍獨立（說明）

『身』身體重點。移在右腿。身胸方向未轉。（向東南。）

『足』右腿足。直起獨立（足尖足跟着勁穩立）左腿足。曲膝懸起　膝角向左前方。足尖向下。近接右膝。

『手』右臂手握棍之中部。與腿足直起同時。轉棍之前端。直向右後下方。（手虎口向右下方。手心翻轉向後上方。手背向下。成反握勢。）棍之左後端。轉貼左背上部。左臂手。同時由胸前上轉。向左肩前方。成單掌。臂肘曲貼左側。（肘角向下。）

『棍』成斜棍勢。貼接體背及右臂肘部。棍端一向左前上方。一向右後下方。

『面目』仍向左視。（向東）（式如第五十三圖）

第五十三圖　右背劍獨立

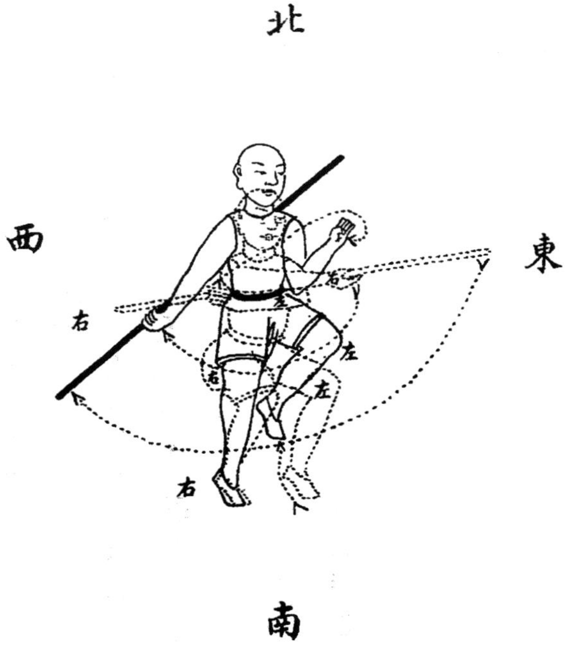

第四十五動作（名稱）擔衫勢（說明）

『足』兩腿足。原勢不動。仍成獨立勢

『手』右臂手握棍之右端。微向上托。至右平方。與棍成一平綫。左臂手。同時向上。迎握棍之上端。與肩齊平。棍杆橫擔左肩上部。肘曲向下。

『身』方向未轉。（向東南）

『棍』成橫平棍勢。棍之中部。貼在背肩後方。棍端向左右側方。（向東西）

『面目』左視未轉。（向東）

（式如第五十四圖）

第五十四圖　擔衫勢

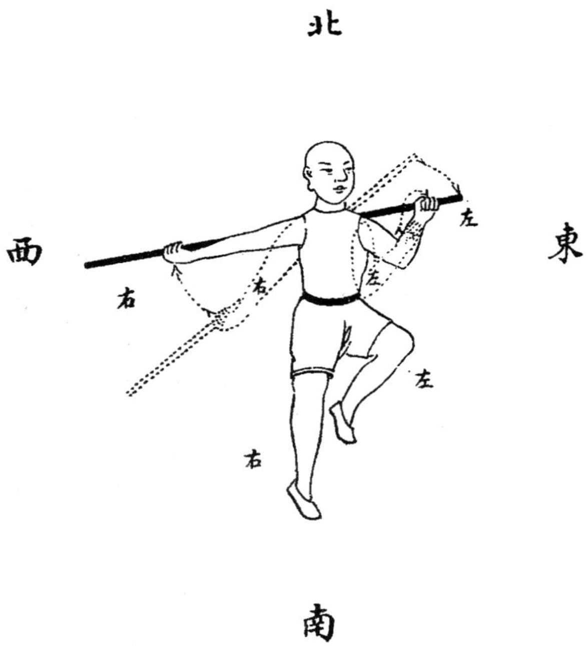

第四十六動作（名稱）扳轉札（說明）

『足』左足躍向前方落立。與身步轉進同時。曲膝下蹬。（足尖膝斜。與身胸同一方向。）右腿足。隨急進向左足前方一步。（向東進。）挺直膝灣足扨。向前平立。（足尖向右斜前方。）與身手棍勢。同時進轉。

『身』與足步轉進同時。向左後轉。（由東南轉東北。）

『手』左臂手。緊握棍之左端。直扳向左前下方。以棍之右端。由上向前下扎。右臂手。同時由下向前迎握棍之中部。

『棍』成斜垂棍勢。（手虎口向右。拇指在上。手心與身胸同一方向。）一端着地。棍端向東。

『面目』轉向右視。（向東）

（式如第五十五圖）

第五十五圖

扳轉扎

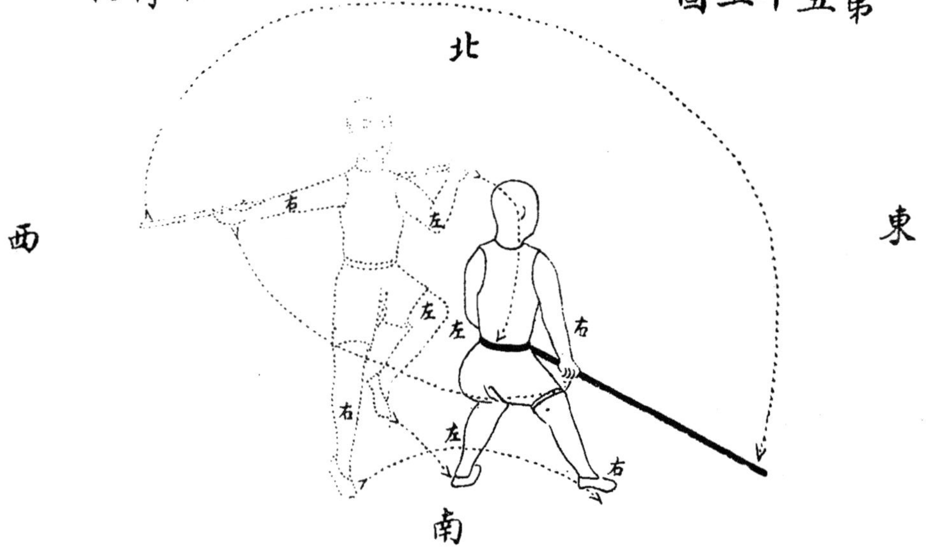

第四十七動作（名稱）橫掃平箍（說明）

「足」左腿足。足尖向左碾轉。右腿足。隨身步棍之左轉橫擊勢。由左足前方。橫掃向左足後方一步退立。（向西退）左腿仍曲。右腿膝灣挺直後支。成前弓後箭步。

「身」與足步手棍向左揮轉同時。由左向後轉。（由東北轉向正東）

「手」兩臂手。緊握棍杆。以棍之前端向左平方橫箍。與身步同時左轉。成一週圍。棍之前端仍向前平方。左臂前曲。右臂平直。（手虎口均向前、拇指在上。兩手心遙相對合成陰陽手勢）

「棍」成平棍勢。一端前擊。一端在握。

「面目」前視棍端。（向東）

（式如第五十六圖）

龍手揮琶

西

北

南

右

左

右

右

右

右

圖六十五第

東

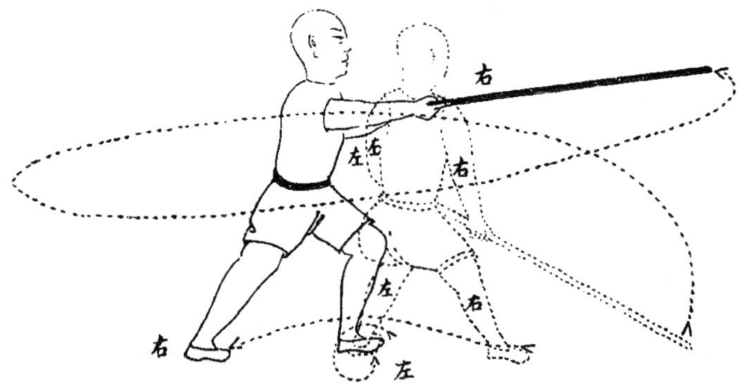

第四十八動作（名稱）玉女穿梭（一）（說明）

『手』左臂手。握棍畧鬆。右臂手。移握胸前棍端。（握在左手後部。）在身步向右轉變時。直抽向右平方。（手虎口向左。手心向外。手背向後。拇指向上）左臂手。同時抹向左平方。直握棍之左端。兩臂手。與棍成一橫平綫。

『身』身胸向右轉。（由正東。轉正南。）

『足』兩足尖同時向右碾轉。右腿膝角右曲。左腿足。膝彎挺直後支。成右弓左箭步。（兩足尖向右斜前方。）

『棍』成橫平棍勢。棍之兩端向左右。（向東西。）棍之中部。貼接胸前。

『面目』左視。（向東）

（式如第五十七圖）

第五十七圖　玉女穿梭(一)

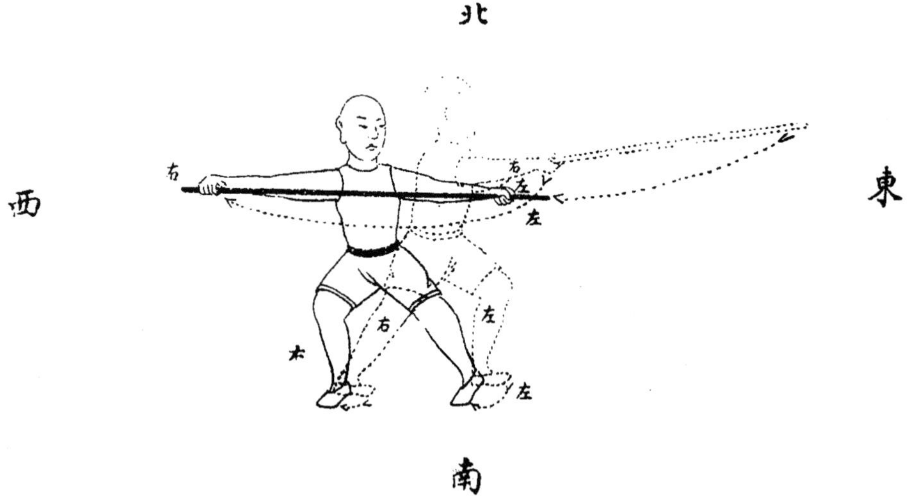

第四十九動作（名稱）玉女穿梭（二）（說明）

「面目」轉向右視（向西）

「手」右臂手，先轉手虎口向右（手心向上手背向下）成仰握勢，仍向右平方，在棍杆向右平穿時，握勢畧鬆，左臂手，轉握棍之左端，由胸前向右平穿，以棍之右端，穿向右平方，同時手離棍端，成掌勢，臂曲胸前，掌在右胸前側（指端向右，掌心向內）

「身」身胸同時半面向右轉（由正南轉西南）

「足」兩腿足，原步勢未轉

「棍」仍成橫平棍勢，一端前懸，一端右握

式如第五十八圖

第五十八圖　玉女穿梭㈡

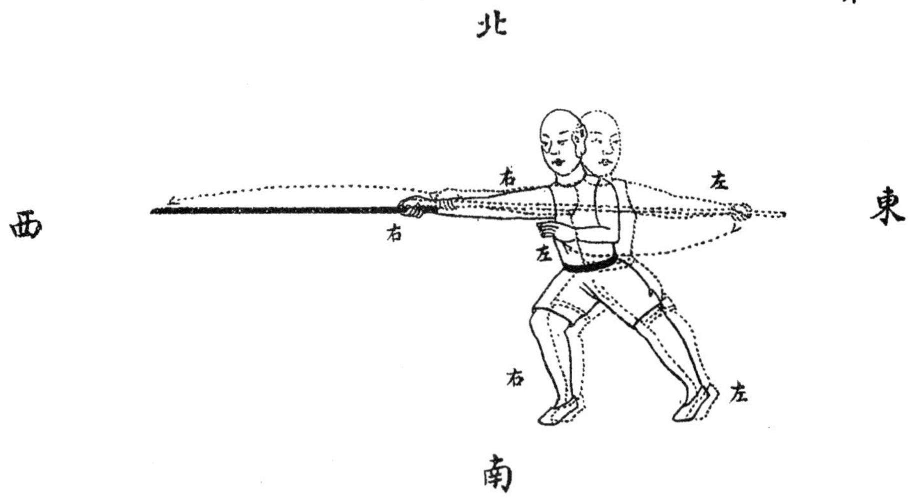

第五十動作（名稱）玉女穿梭（三）（說明）

『足』右腿足向前約進一足之地。（向西）成一活進步。左腿足。隨時進向右足前方一步。（向西）膝角前曲。右腿挺直膝灣後支。成左弓右箭步。

『身』身胸隨步轉進。同時向右後轉。（由西南轉正北）

『手』右臂手握棍。隨身步之變轉。直抽棍端向右後平方。左臂手。亦同時向前迎握棍之中部。直抹向左平方。移握棍之左端。

『棍』成橫平棍勢。貼接胸前。與兩臂手。成一平綫。

『面目』轉向左視。（向西）

（式如第五十九圖）

第五十九圖　玉女穿梭(三)

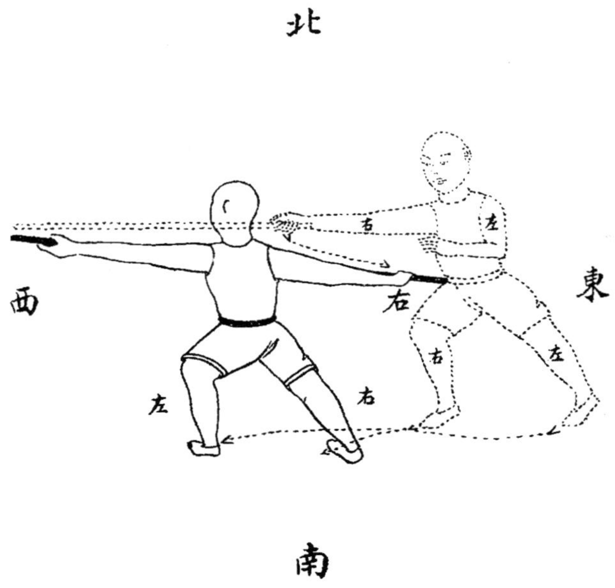

第五十一動作（名稱）玉女穿梭（四）（說明）

『足』兩足尖向右磨轉。右腿曲膝向右。左腿挺直膝灣後支。成右弓左箭步（兩足尖向右斜前方）。

『身』與步同時。半面向右轉（由正轉東北）。

『手』右臂手，轉手虎口向右。成仰握勢（手心向上手背向下）。鬆握棍杆。仍向右平方。臂肘平直。左臂手。亦與身步右進同時。握棍之左端。由胸前向右平穿。以棍之右端。穿向右平方。隨時撒手離開棍端。成單掌勢。近接右胸。（指端向右掌心向內）臂曲胸前。

『棍』成橫平棍勢。一端前懸。一端右握。

『面目』與身步同時。轉向右視。（向東）（式如第六十圖）

第六十圖　玉女穿梭(四)

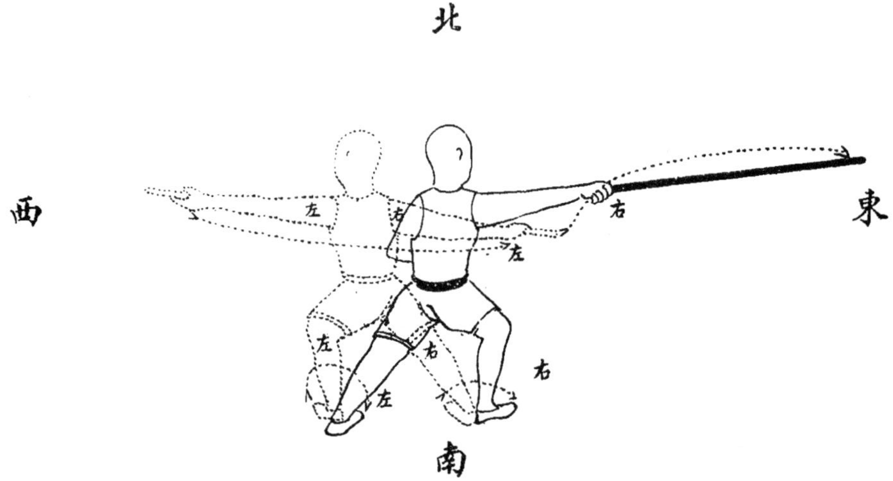

第五十二動作（名稱）蜻蜓點水（說明）

『足』左腿足。微向前進約半步。仍立右足之左後方。兩腿曲膝下蹲。成馬步勢

『身』方向未轉。（仍向東北。）隨右手下擊之棍勢。身腰微向右傾。

『手』右手與身步同時。以棍之右前端落向右下方。地面點擊。（手虎口向右。拇指在上。）臂肘垂直。

左臂手。亦同時由胸前向下。揮轉向左上轉。至左上方。仍成掌勢。臂微曲。肘角向左。

『棍』成垂橫棍勢。一端着地。一端右握。

『面目』仍向右視。（向東）

（式如第六十一圖）

第六十一圖　蜻蜓點水

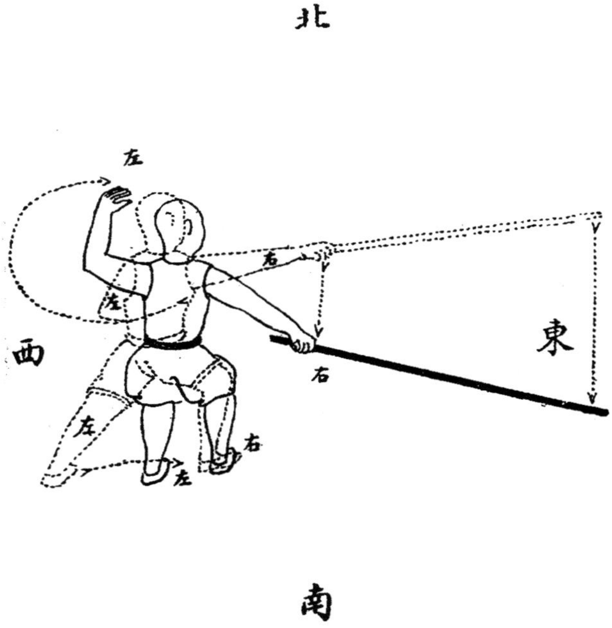

第五十三動作（名稱）飛棍掉把（說明）

『足』兩腿足直起。成分立勢。右腿膝角微曲。左腿膝灣後挺。

『身』方向未轉（仍向東北）。隨步上起。

『手』右臂手。與身步直起同時。以棍之握端。向上擲起空中。擊向右前上方。右手隨時。轉握棍之下端。臂肘平直。左臂手。亦同時直向左平方。仍成單掌勢。兩臂肘平直。成一字形。

『棍』成斜棍勢。在身之右側右上方。棍端一向右斜上方。一在右握。

『面目』右視未轉。（東）

（式如第六十二圖）

抛掉把花飛

圖二十六第

面

左

北

南

右

左

右

右

勢

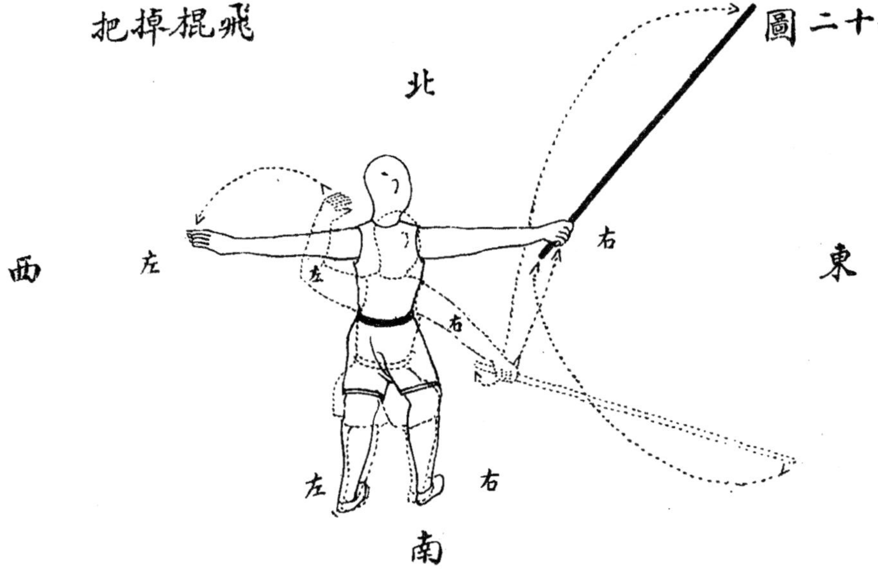

第五十四動作（名稱）潛鋒退轉（說明）

『足』右腿足。退向左足後方一步。（向西）左腿足。隨時縮近右足前方約半步懸立。（足尖着地）與身胸右轉同時。兩腿曲膝下蹬。（右膝角足尖與身胸同一方向。左膝角足尖向左前方。）成半馬步。

『身』隨步勢之退轉。同時向右後轉。（由東北轉東南）

『手』右臂手。緊握棍端。隨身步之轉退勢。曲回右側下方。肘角向上。（手虎口向左。拇指在內。手背與身胸同一方向。手心向後。）左臂手。同時向前迎握棍之中部。直抹向左前平方。棍之前端。（手虎口向左前方。）

『棍』成橫平棍勢。棍之中部。貼接腹前。

『面目』轉向左視。（向東）（式如第六十三圖）

轉退練習

西

北

東

右
右
右
左
左
右
左
右

圖三十六第

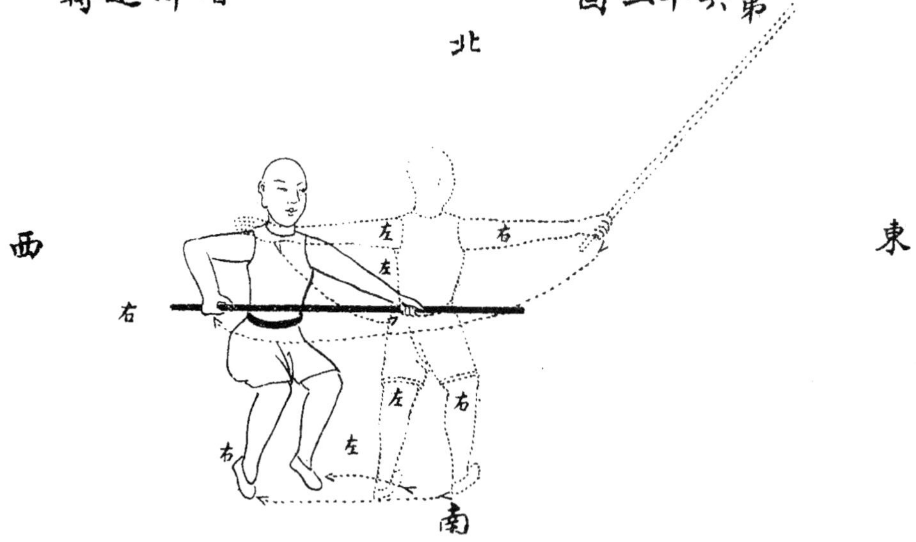

第三路

第五十五動作（名稱）偏進蓋擊（說明）

『足』左腿足偏向左斜前方一步。（向東北進。）曲膝向前。右足尖。微向左䠀。腿灣挺直後支。成左弓右箭步。

『手』右臂手。轉棍之右端。由右後方上轉。與身步轉進同時。由上向前蓋擊。（手虎口向內。手背向上。手心向下。腕底向前。）左臂手亦同時轉棍之左端。直向左後下方。臂肘挺直。（手虎口向左後下方。手背向上。手心向下。）

『身』身胸隨右臂棍向前進蓋勢。同時向左後轉。（由東南向東北。）

『棍』成斜棍勢。中部貼接體之右側。

『面目』轉向右視。（向東。）（式如第六十四圖）

第六十四圖　偏進蓋擊

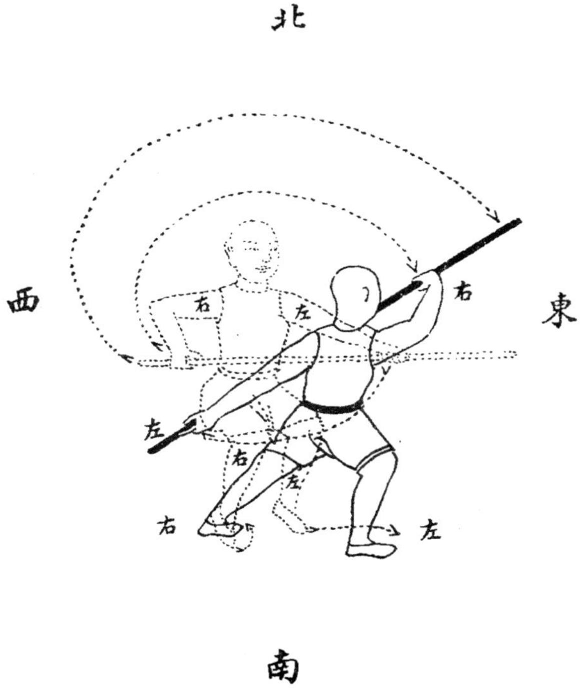

第五十六動作（名稱）騰步環進擊（一）（說明）

『足』左腿足與身手棍之轉進同時。前起直立。右腿足同時曲膝向前。懸足尖向下。近接左膝。成獨立勢。膝角向前（膝角向東）

『手』右臂手　轉棍之前端。由下向後。曲貼右側腰部（虎口向前拇指近接右腰）肘角向右後方。左臂手。亦同時轉棍之左端。由後上轉。向前平方蓋擊。（虎口向前。手心與身胸同方向。手背與體背同方向）臂肘平直。

『身』身胸隨手臂棍勢之轉擊。同時向右後轉。（由東北轉東南）

『棍』成橫棍勢。（左端向前。右端向後。）

『面目』轉向左前方注視。（向東）（式如第六十五圖）

第六十五圖　騰步環進擊一

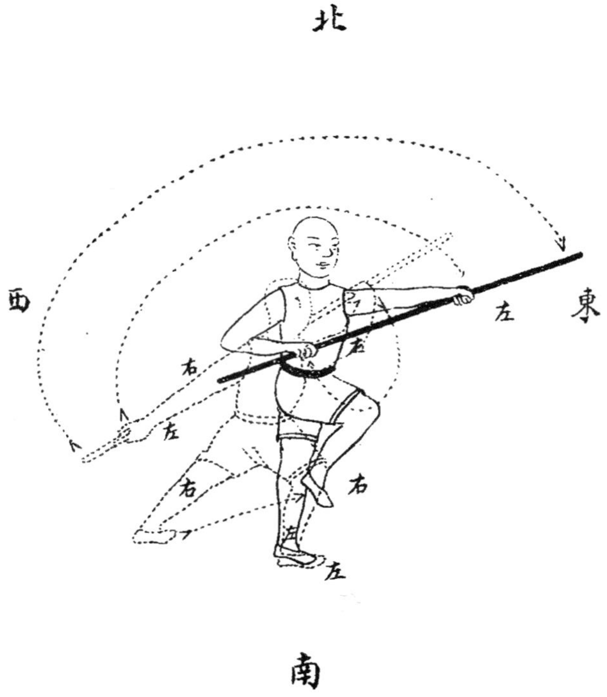

第五十七動作（名稱）騰步環進擊（二）（說明）

『足』右腿足　向前落立、　左腿足隨急躍向右足前方一步。（向東北進）膝角前曲、　右腿挺直後支。　成左弓右箭步（在右足前進未落地時左腿足即向前方躍進）

『手』左臂手。　轉棍之前端。　直向左後下方。　臂肘挺直（手虎口向左後下方）右臂手。　亦與身步同時。　轉棍之右端　由後上轉直向前平方蓋擊。　手隨棍勢之翻轉。（手虎口翻轉向前手背與體背同方向手心與身胸同方向。）　臂肘微曲。

『身』與右臂棍向前蓋擊同時、　向右後轉。（由東南轉東北。）

『棍』成斜棍勢。　貼接胸前左側。

『面目』半面向右注視。（向東）（式如第六十六圖）

第六十六圖　騰步環進擊二

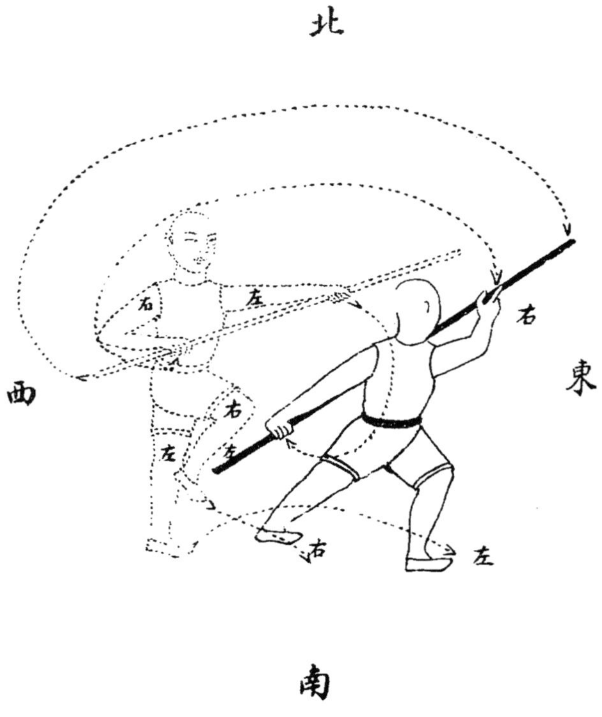

第五十八動作（名稱）反籠轉馬步勢（說明）

手　右臂手。轉棍之右端。反向右後平方橫揮　籠轉一週。身步隨棍向右轉變。右臂棍。仍轉至原方向。（棍端向東）成平籠反揮勢。左臂手棍。隨之曲貼左腰前部。（肘角向左。）

足　右足夫。隨手臂棍勢之籠轉。向右後轉。左足隨時轉向右足之左方一步。（向西轉步。）兩腿足。同時曲膝平蹬　成馬步勢。（足尖膝角與身胸同方向。）

身　身胸與右臂棍向右籠轉同時。向右後轉。成一週轉（由東北轉向正北）

棍　成橫平棍勢。右端向右側前方。左端向左後方（兩端向東西。）

面目　轉向右視。（向東。）（式如第六十七圖）

第六十七圖　反纏轉馬步勢

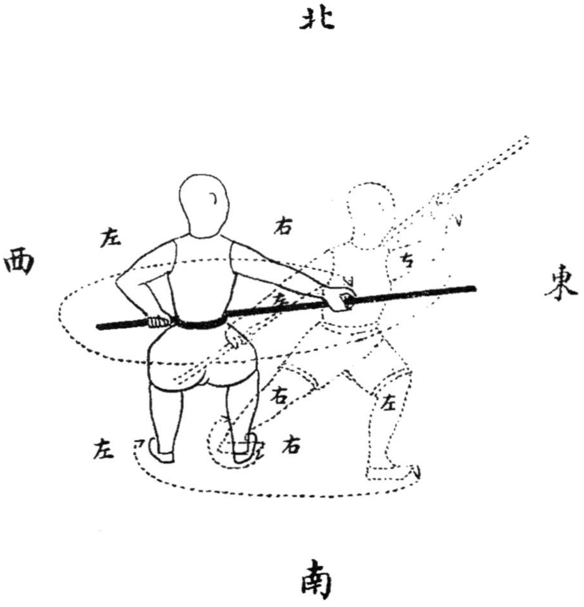

第五十九動作（名稱）退轉左迎鋒（說明）

足　右腿足。退向左足後方一步直立（向西退）。左腿足　隨時退轉至右足前方。足尖懸立。膝角微曲。（足尖膝角向左前方）兩足成丁步。

身　身胸與足步退轉同時。向右後轉（由正北轉東南）。

手　右臂手。轉棍之右端向下。隨身步之轉退　直向右後下方。（手虎口向左。手背與身胸同方向。手心與體背同方向）左臂手。　同時轉棍之左端　由後上轉。蓋向左前方。（手虎口向左。拇指在上）

棍　成橫平棍勢。　貼接腹部前方。　兩端向左右側方。（棍端向東西）

面目　轉向左視。（向東）

（式如第六十八圖）

第六十八圖　退轉左迎鋒

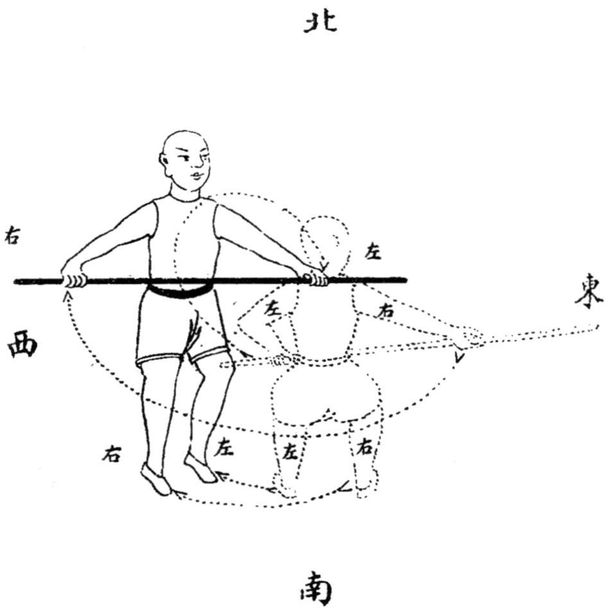

第六十動作（名稱）懸步朝天柱（說明）

「足」右腿足。直膝穩立。左腿足。曲膝懸起。（足尖向下。膝角向左。）成獨立勢。

「手」右臂手。轉手虎口向右。仍握棍之右端。直向右上方。（手虎口轉成向上。）臂肘微曲。左臂手。同時轉棍之左前端。下轉向右。近接右腰前部。成立棍勢。臂曲胸前下方。肘角向左。（手虎口轉向右上方。拇指貼近胸前。手背與身胸同一方向。）

「身」方向未轉。（向東南。）

「棍」成直立棍勢。棍端一向右上方。一向右下方。貼近身之右側。

「面目」仍向左視。（向東。）（式如第六十九圖）

第六十九圖　　懸步朝天柱

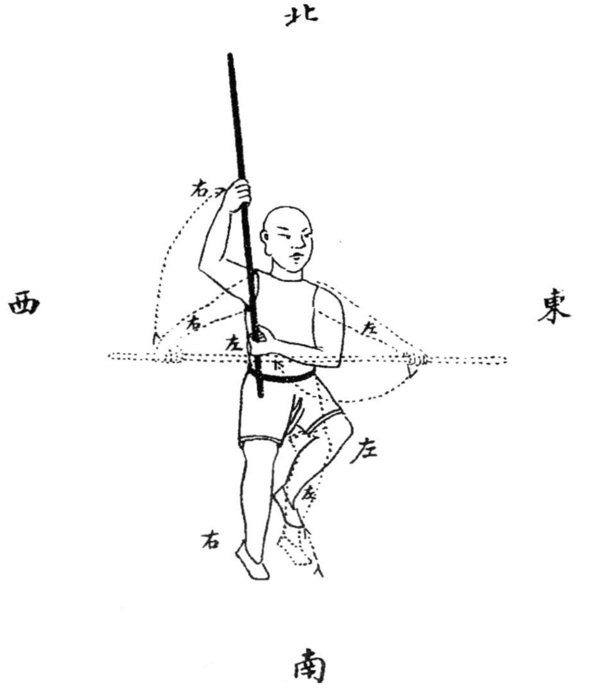

第六十一動作（名稱 鋪地錦下擊 說明）

『足』左腿足向前落下、右腿足隨急躍向左足前方一步。（向東進）隨時曲膝下蹬、左跟足、復再進向右腿足前方、挺直膝灣。橫足向前平跐（足尖與身胸同一方向）成鋪地錦下蹬勢。

『身』隨步勢之前進下蹬 方向未轉。

『手』左臂手、同時由胸前向左下落、直轉棍之上端、向前下擊。臂肘貼接左側。手背近接襠部。（虎口向左）右臂手、亦同時轉棍之上端 向左下方撲擊地面。順棍下抹。移握左手下方之棍端。（手虎口均向左前方、兩手心相對成陰陽手勢）

『棍』成橫臥棍勢 近接地面。

『面目』左視（仍向東）（式如第七十圖）

第十七圖　鋪地錦下擊

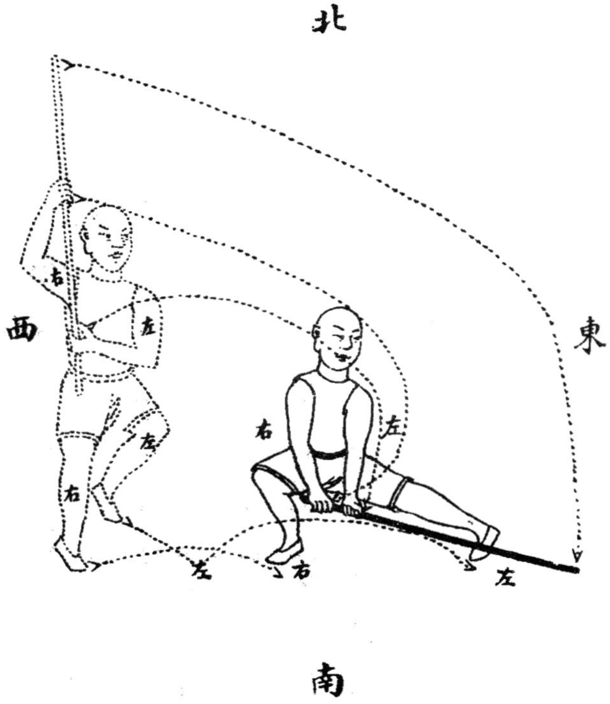

第六十二動作（名稱）古樹盤根（說明）

『身』身胸由右向後轉。（由東南向正北轉。）

『足』同時右足尖向右磯轉。左腿足。退向右足之左方一步。（向西退轉。）左腿曲膝下蹬　右腿足。挺直前支。（身體重點偏於左側。）

『手』兩臂手。與身步向右轉退同時。揮轉棍之前下端　貼近地面。由左向右。　籠轉一週。仍向右下方掃擊。　在轉至原方向時。　右臂手釋開棍端　移向棍之中部迎握。（兩手虎口均向右前方。左手心向內。右手心向外。兩手成陰陽手握勢。）

『棍』成斜垂棍勢。　一端着地。　一端在握。（兩端向東西。）

『面目』隨體步之轉變。　向右注視。（向東）

（式如第七十一圖）

第七十一圖　古樹盤根

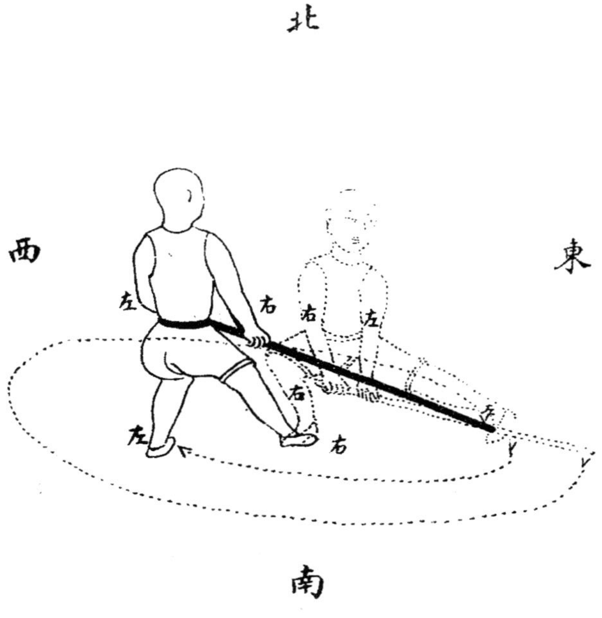

第六十三動作（名稱）轉把後格（說明）

『足』左腿足。畧向左側轉進曲膝角向左。右足尖向左磨轉挺直腿灣後支。成左弓右箭步。

『身』身胸同時左傾 半面向左轉。（由正北轉西北）

『手』右臂手。先轉手虎口向左。仍握棍之左端。（手心向內）由腹胸前上轉。向右下格 直落向右後下方。（手虎口轉向右下方）左臂手、在右手翻轉虎口之後。 釋離棍端。在棍之右下端。轉至腹前時。 順勢迎握棍杆。 由下向左上轉至左上方。抹握棍端。（手虎口向右下方手背向上）

『棍』成斜棍勢。 棍之中部。 貼近右胸。

『面目』向右後方注視。（向東）（式如第七十二圖）

第七十二圖　轉把後格

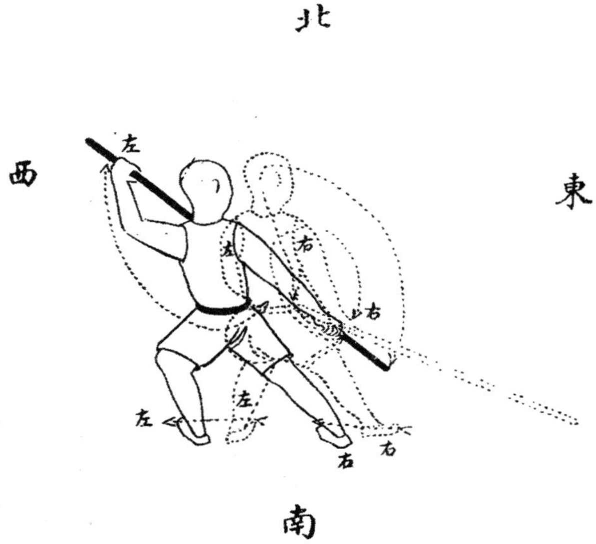

第六十四動作（名稱）右轉左蓋擊（說明）

「足」兩足尖向右磨轉。右腿曲膝向右。（足尖膝角向右前方）左腿足挺直後支。成右弓左箭步。

「身」身胸向右後轉。（由西北轉東南）

「手」右臂手。與身步右轉同時。轉棍之右端。落向右後下方。翻轉手虎口向左（手背與身胸同方向。手心與體背同方向）近接右腰。臂肘曲向右側後方。左臂手。亦同時轉棍之左端。由上直向左前平方蓋擊（手虎口向上。托握棍杆手心與身胸同方向。手背與體背同方向。）

「棍」成斜橫棍勢。（棍端向東西）棍之中部。貼接腹前。

「面」目轉向左前方。（向東）

（式如第七十三圖）

第七十三圖　右轉左蓋擊

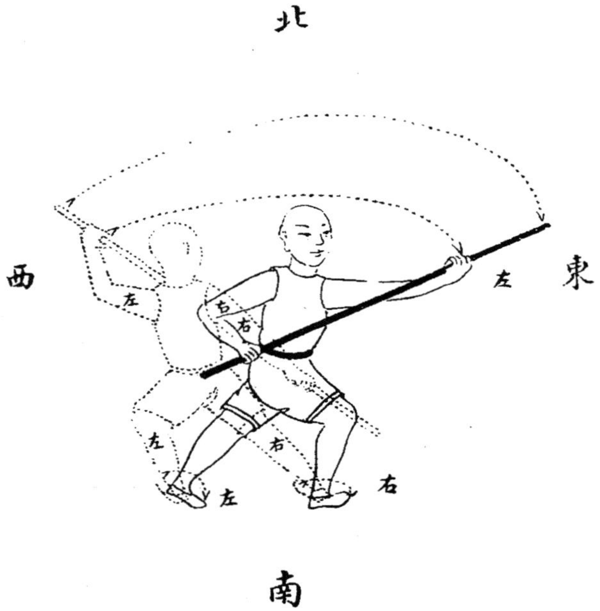

第六十五動作　名稱（左旋右蓋）（說明）

足。左腿足。進向右足前方約半步。（向東進。）曲膝平蹬。足尖懸立。（膝角足尖向前。）兩足成丁步。（右足尖膝角與身胸同一方向。）

手。左臂手。轉棍之左前端向下。旋轉向右後方。臂肘曲貼胸前。手虎口。托握棍杆。近接右脇。（手虎口向上。手背與身胸同方向。手心與體背同方向）右臂手。同時轉棍之右端。由右後方上轉。直向前平方蓋擊。（手虎口向前。手背向上。手心向下）臂微曲。貼接胸前左臂外部。

身。方向未轉。（向東南。）

棍。成橫平棍勢。貼接胸前。（棍端向東西。）

面目。仍向左視。（向東）（式如第七十四圖）

第七十四圖　左旋右蓋

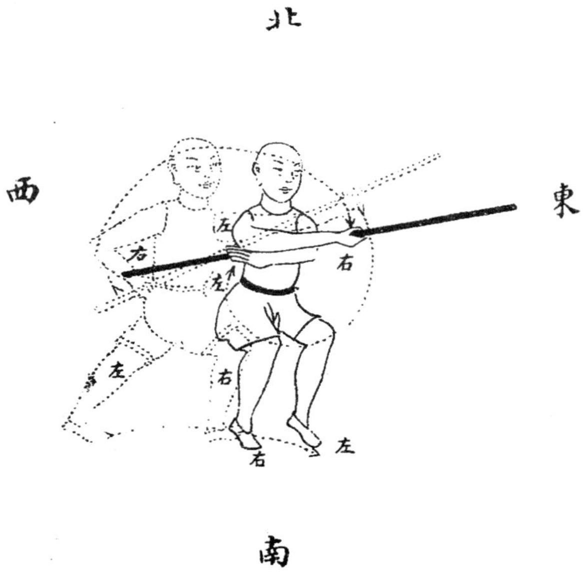

第六十六動作（名稱）挑轉進右攬（說明）

「足」左腿足。向前約進一足之地（成一活步）右腿足 隨時進向左足前方一步。（向東進）足尖懸立 兩腿足。與身胸向左轉進同時。 曲膝平蹬（左膝與身胸同方向右膝角足尖向前成丁字步勢）

「身」身胸同時向左後轉（由東南轉東北）

「手」同時右臂手 轉棍之前端 由前上挑向後下轉 與身胸左轉左足前進同時 向前平方上攬 臂微曲 肘角向下。（手虎口向前手心向上手背向下成仰攬勢。）左臂手。亦同時轉棍之左端向下。隨身步棍之轉勢 由前上轉。向左下落。（曲貼左腰肘角向左）

「棍」成橫平棍勢 貼接胸前。（棍端向左右側）

「面目」轉向右視。（向東）（式如第七十五圖）

第七十五圖 挑轉進右攬

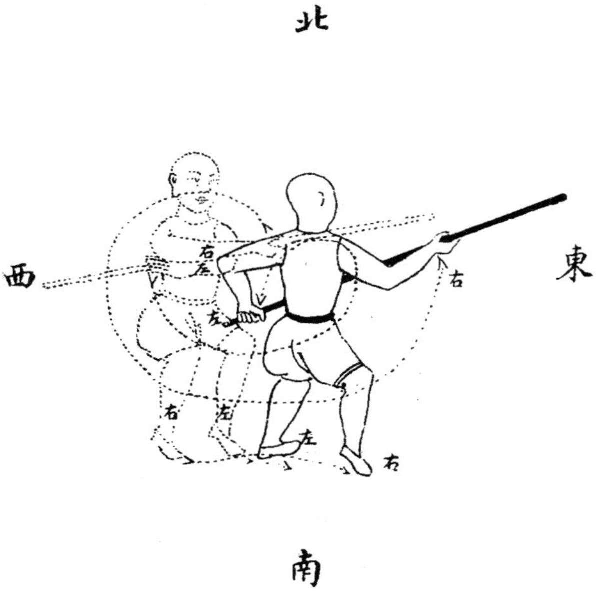

第六十七動作（名稱）換步環轉擊（說明）

「足」右腿足。縮向左足立處。膝彎挺直後支。左腿足。同時躍向右足立處之前方。膝角前曲。成左弓右箭步勢（右足係屬西退。左足係向東進。兩足同時躍換。）

「身」同時身胸向右後轉。（由東北轉東南。）

「手」右臂手。與身胸右轉右足後退同時。轉棍之右端。由下揮轉向後。由後向前蓋擊。（手虎口向前。手背向上。手心向下。）左臂手。亦同時隨身步棍之轉勢。轉棍之左端。由左後方上轉。向前下擊。環轉向右後平方。臂肘曲貼胸前右臂下方。（棍在手虎口上部。手心向內。）「棍」成橫平棍勢。棍端向左右側。（向東向西）

「面目」向左注視（向東）（式如第七十六圖）

第七十六圖　換步環轉擊

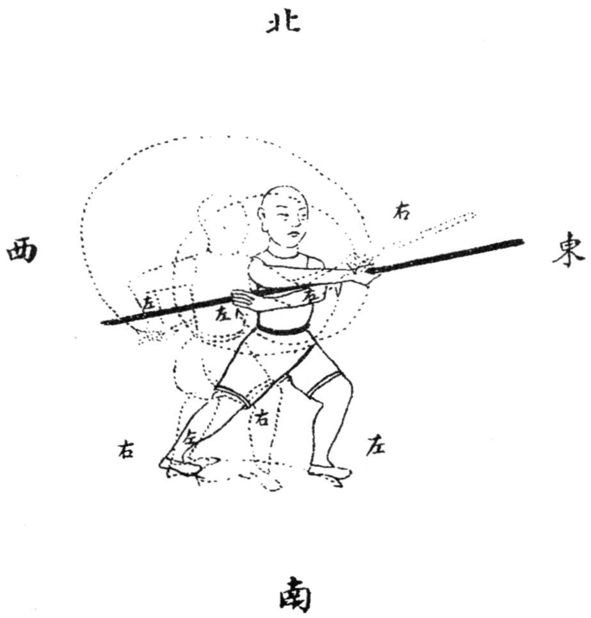

第六十八動作（名稱）上挑下攔（說明）

「身」身胸方向未轉。（向東南）身體重點。與棍步轉退同時。微向後移下蹬。

「足」右腿足。曲膝平蹬。（膝角足尖。與身胸同一方向。）左腿足。同時縮回右足前方半步曲膝平蹬。足尖懸立。（膝角足尖向左前方。成丁步。）

「手」右臂手。與身步同時。以棍之右端上挑向後下轉。曲貼右側。肘角向右。手虎口向左。（手背與身胸同方向。手心與體背同方向。）左臂手。亦同時轉棍之左端。由下向左前平方上攔。成仰握棍勢。（手虎口向左。拇指在上。手背向下。手心向上。）

「棍」成橫平棍勢。棍端向左右側。（仍向東西）

「面目」仍向左視。（向東）（式如第七十七圖）

第七十七圖　上挑下掤

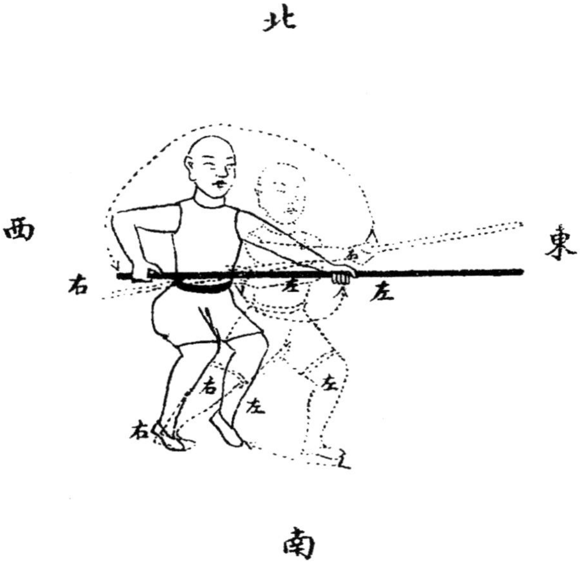

第六十九動作（名稱）回鋒左蓋（說明）

『足』左腿足。向左前方約進一足之地。隨時身胸右轉。膝角足尖向右礳轉。（與身胸同方向）仍成平蹬勢。右腿足隨身步之轉進勢。畧向左足立處縮回。曲膝懸立。（足尖膝角礳轉向右。）

『身』同時身胸向右轉。（由東南轉西南。）

『手』右臂手轉棍之右端。由下向左上轉。至左平方。曲臂貼接胸前。（棍在手虎口上部。拇指在內。手背向外。指端向左。）左臂手亦同時轉棍之左端向上。由上向右平方蓋擊。（手背向上。手心向下。）

『棍』成橫平棍勢。棍之中部。貼接胸前。

『面目』轉向右視。（向西）

（式如第七十八圖）

第七十八圖　回鋒左蓋

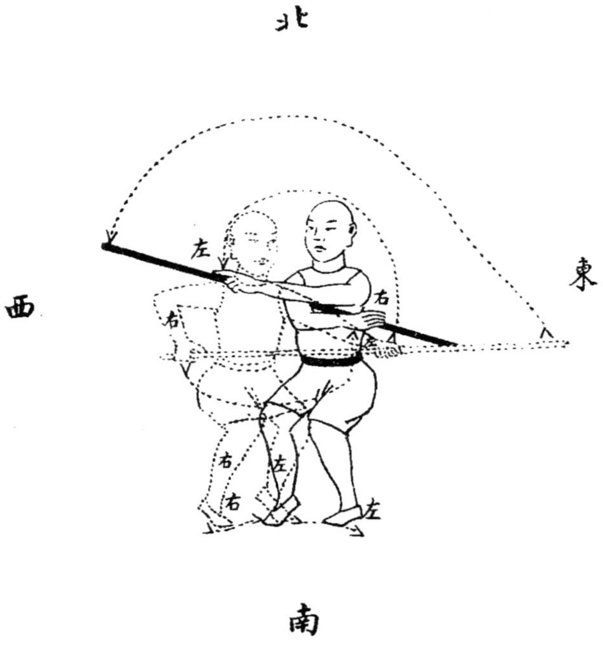

第七十動作（名稱）左背劍獨立（說明）

「身」身胸方向未轉。身體重點移在左足。隨步直起（身胸方向仍向西南）。

「足」右腿足提起。曲膝上懸。足尖向下（近接左膝）膝角向右斜前方。（與身胸同一方向。）左腿足。同時直起獨立。

「手」右臂手。釋開棍杆。由胸前左側上轉。向右前平方。成單掌勢。（拇指曲貼。手虎口。四指指端向右前方。手心與身胸同方向。指掌與肩平。）臂肘微曲。左臂手亦同時轉棍之左前端向下。直向左後下方。

「棍」成斜棍勢。棍之中部。斜貼體背肩臂後方。棍之兩端。一向右斜上方。一向左後下方。

「面目」向右注視。（向西）

（式如第七十九圖）

第七十九圖　左背劍獨立

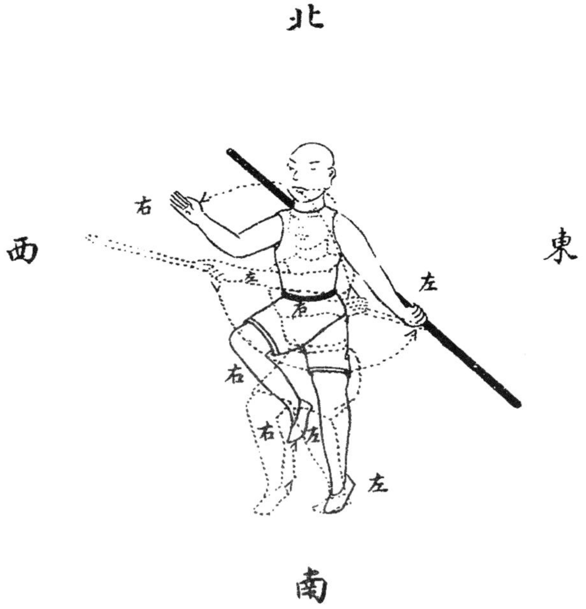

第四路

第七十一動作（名稱）太公垂釣（說明）

『足』右腿足。落下。懸立左足前方。膝微曲。（足尖膝角。向右前方。）左腿足不動。

『手』左手釋開棍杆。成平掌。仍在左後下方。（手背向上。手心向下。）右臂手。扳握棍之上端。以手腕着力。揮轉棍之後下端。由首上方。直捽向右前平方垂擊。（手虎口向前。拇指在上。）

『身』方向未轉。（仍向西南。）

『棍』成橫平棍勢。懸在右前平方。棍端向前。（向西）一端在握。

『面目』向右注視。（向西）

（式如第八十圖）

第八十圖　太公垂釣

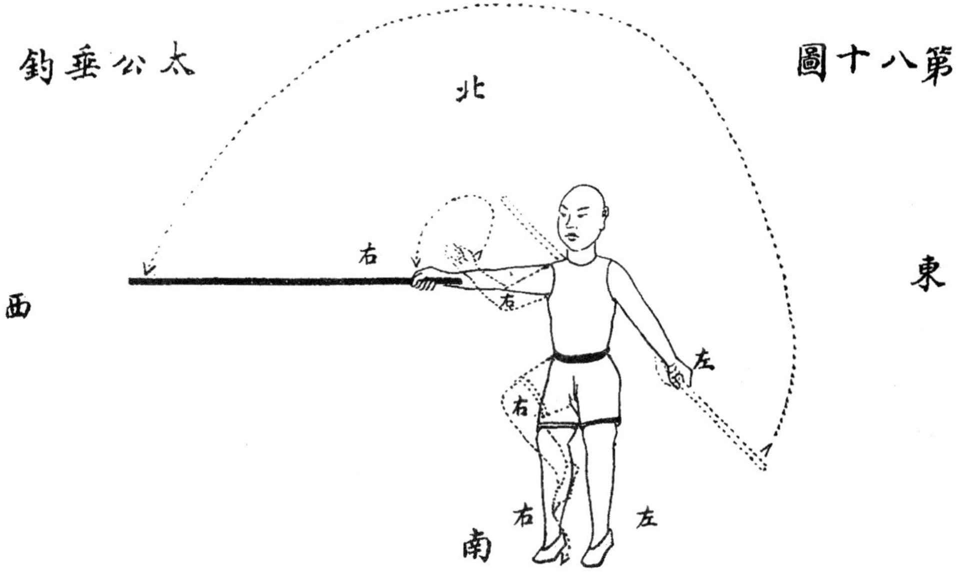

第七十二動作（名稱）換步轉鋒（說明）

『足』右腿足提起、即向左足後方退立。（向東退立）挺直膝彎後支。左腿足同時躍向右足前方。（向西進）曲膝向前。（膝角向足尖斜前方）成左弓右箭步。（在右足後退未落地時。左足即隨身胸棍勢之右轉。向前躍進。身步棍。均需同時動作）

『身』身胸與右足後退。左足前進同時。向右後轉。（由西南轉西北）

『手』右臂手。隨身步之轉變。緊握棍端。抽回右側腰部。（手虎口向左。手心向後。）肘曲向右。左臂手。亦同時向前迎握棍之中部。直抹向左前方。

『棍』成橫、平棍勢。棍之中部。貼接腹前。

『面目』與身步轉換同時。轉向左視。（向西）

（式如第八十一圖）

第八十一圖　換步轉鋒

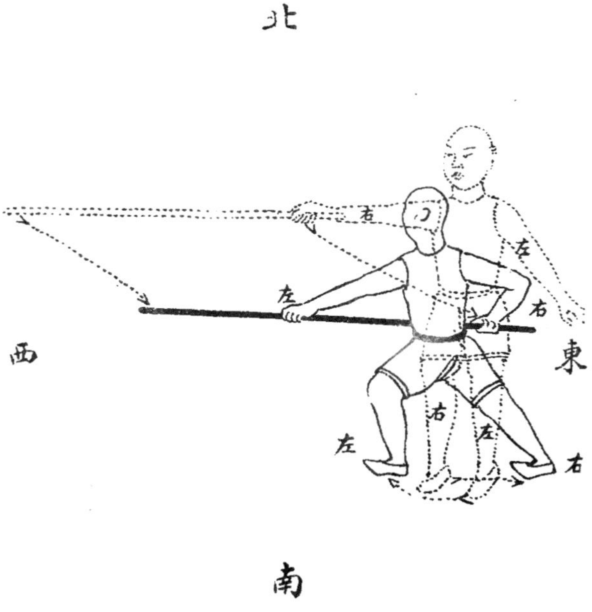

第七十三動作（名稱）朝天柱（說明）

「身」身胸方向未轉。身體重點。退向右移。（身胸仍向西北）

「足」右足尖微向右轉。右腿曲膝平蹬。（足尖膝角與身胸方向同）左腿足。同時縮回右足前方半步。曲膝懸立。（足尖膝角向左前方）

「手」兩臂手。轉手虎口向右。仍握棍之原處。右臂手。即轉棍之右端。直向右上方豎起。（手虎口轉成向上手背向後）左臂手。轉棍之左端。由下向右。曲臂貼接胸前。手近右脇（手虎口向上手背向前）（右手握勢略鬆。在棍杆向右直豎時。順勢下抹。移握棍之中部。）

「棍」成直立棍勢。（棍端向上下。棍杆貼接右臂體側。）

「面目」仍向左視。（向西）

（式如第八十二圖）

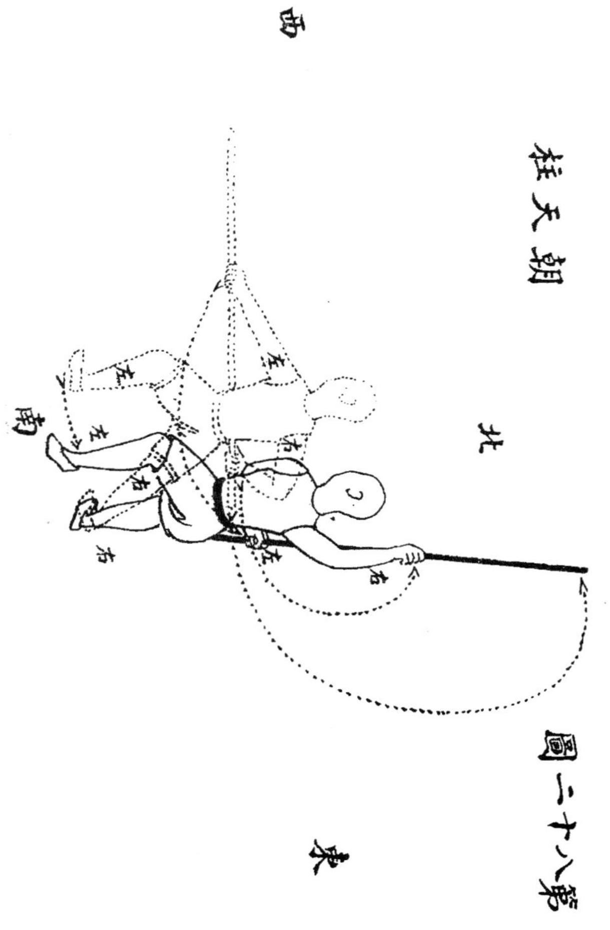

第八十二圖 朝天挂

第七十四動作（名稱）退轉劈（說明）

『身』身胸向左後轉（由西北轉正南）隨步下蹬。

『足』同時左腿足。急向右足後方一步退立。（向東退。）曲膝下蹬。右腿足。亦同時退向左足前方縮回。約一尺之地。膝角挺直。平立地上。腿襠近接。成剪步勢。

『手』兩臂手。緊握棍杆。與身步轉退同時。由上向前下劈。左臂手棍端。轉向左平方。（手虎口向前下方。手背向上。）右臂手棍端直劈向右前下方。（手虎口向前下方。手心與身腹同方向。手背近接襠部。）臂肘直貼腹前。

『棍』成斜垂棍勢。（一端向左上方。一端向右下方。）

『面目』轉向右視。（向西）（式如第八十三圖）

第八十三圖　退轉劈

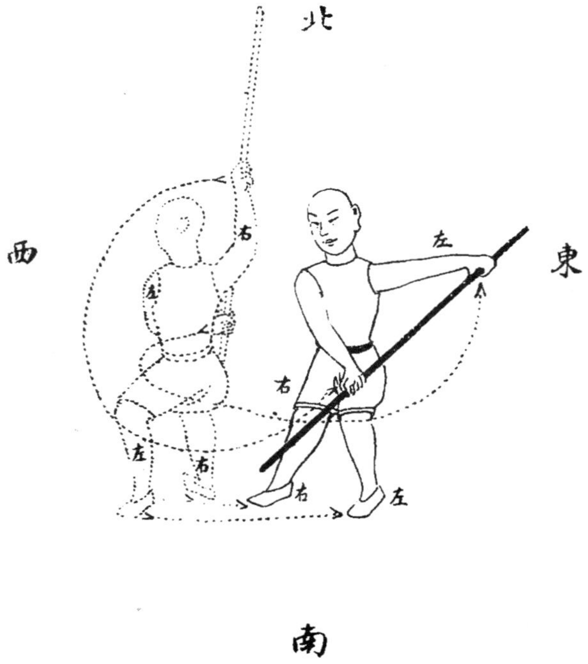

第七十五動作（名稱）下攻點脛（說明）

『足』右腿足提起　向前約進一足之地（向西進）左腿足　隨即由右腿灣足跟後方　套向右足之右方支進（向西）同時右腿微曲下蹬　兩腿足成斜支套步勢（右膝角足尖與身胸方向同　左膝後挺）

『身』身胸方向未轉（向南）隨步右進

『手』右臂手　握棍畧鬆　左臂手緊握棍之左端即以棍之右下端直向右下方搗擊　兩臂手　與身步右進同時　向右下方　左臂手貼接腹前下部（手心向內手虎口向右前下方）（棍杆由右手心內穿下向右方）

『棍』成斜橫棍勢（棍端向東西）

『面目』右視（向西　式如第八十四圖）

第八十四圖　下攻點腿

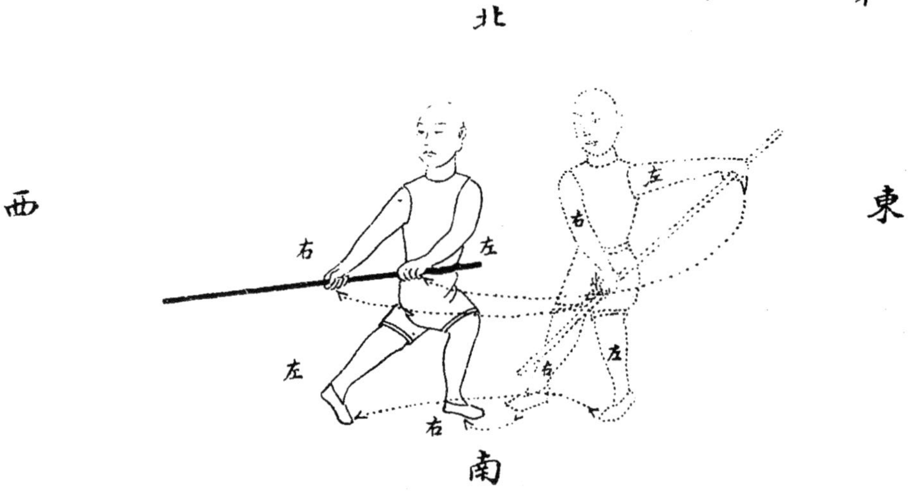

第七十六動作（名稱）猛虎翻身（說明）

身　身腰由左向後上方翻轉。隨手步棍之躍轉下劈勢。仍轉向原方向。（由南轉東、向西北、仍轉正南、）成一週轉。

手　兩臂手。緊握棍杆。同時向左上轉。隨身步之左轉躍進勢。由上翻轉。直劈向右前下方。（由西向上、由上隨身步之翻轉、向東下劈）仍成原勢。

足　在身胸向左翻轉至北時。左足即行提起。向前躍進（向西）右腿足隨急躍向左足前方一步（向西）同時左腿曲膝下蹬。右腿挺直膝彎平立成剪步勢（兩膝腿襠近接、左膝角足尖與身胸同方向）

棍　成斜垂棍勢（一端着地、一端左握、右手握在棍之中部）

面目　轉向右視（向西、式如第八十五圖）

第八十五圖　猛虎翻身

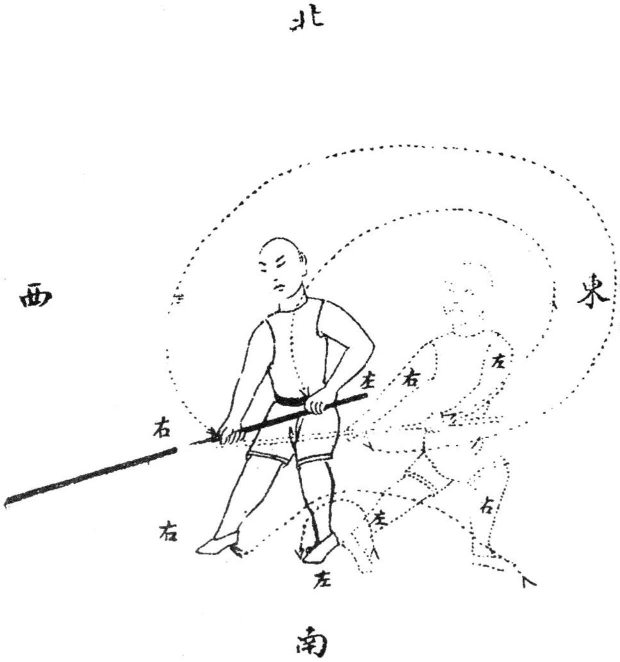

第七十七動作（名稱）直點中心（說明）

『足』右腿足向前約進半步（向西進）膝角前曲。左腿足尖向右磨轉。膝灣挺直後支 成右弓左箭步勢

『手』兩臂手。緊握棍杆 同時以棍之右前端 直向右前平方點進。右臂平直。手握棍之中部。左臂手 曲貼胸前。仰握棍之後端。（手虎口均向右前方拇指在上）

『身』微向右轉。（向西南）與手棍右進同時前移。

『棍』成横平棍勢。在右前平方。 棍端點擊向西 左握棍端近接胸前。

『面目』右視未轉。（向西

（式如第八十六圖）

第八十六圖　直點中心

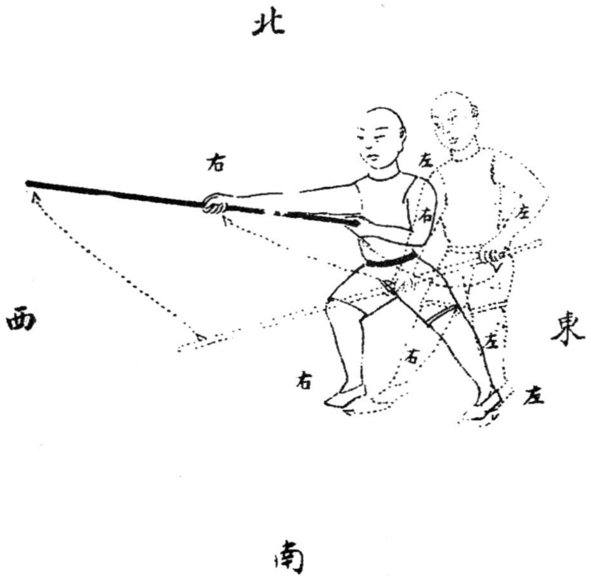

第七十八動作（名稱）錦雞獨立（說明）

「手」右臂手腕着力。轉棍之前端上挑。由上落向右後下方。左臂手。鬆轉胸前棍端。由下向前上轉。隨身步棍之轉勢。四指轉成浮握。拇指上托棍端（棍在手虎口內。手背向上）臂肘成平曲勢。近對胸前。

「身」隨棍勢之轉落。身胸半面向右轉。（由西南轉正西）身體重點後移。隨步直起。

「足」右腿足。曲膝向上懸起。足尖向左下方。近接左膝。（足拗挺直。膝角向斜前方）左腿足。直膝獨立（足尖足跟着力穩實。）

「棍」成斜垂棍勢。貼接體之右側。（棍端向前上方。一端向右後下方。）

「面目」轉向前視。（向西）（式如第八十七圖）

第八十七圖 錦雞獨立

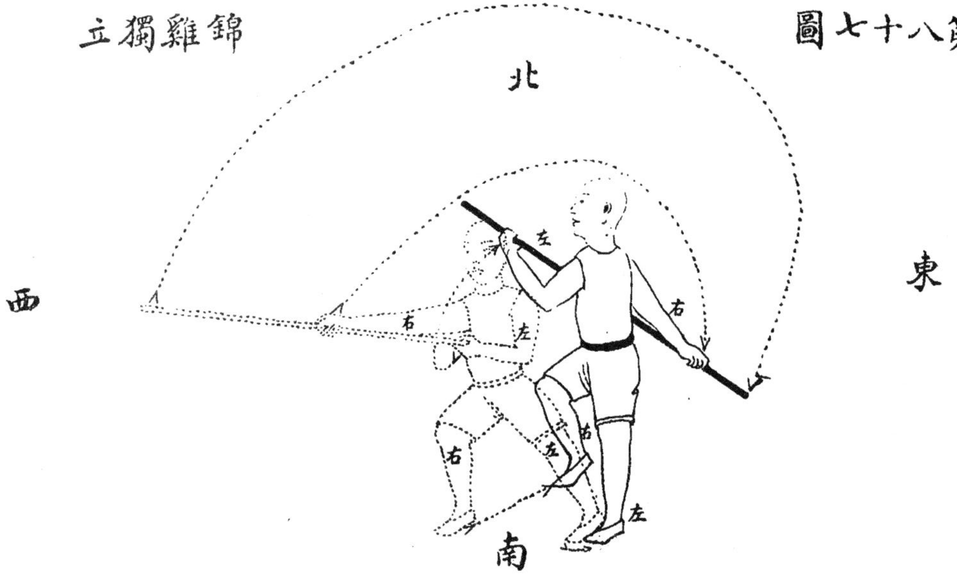

第七十九動作（名稱）躍進步右攬（說明）

足　右懸足。向前落立（向西進）。同時左腿足　躍向右足之左斜前方一步（向西南進）。膝角前曲　右腿足挺直膝彎後支。成左弓右箭步

身　身體重點。隨步躍進　身胸向左轉。以發揮右臂棍之進攬勢（身胸由西轉向正南）。

手　右臂手。轉棍之右下端　由下直向前平方上攬（向西南）。成仰握勢（手背向下手心向上）。左臂手　亦同時轉棍之前端向上後轉下落。曲貼左側腰後（手虎口向前近接左腰）。肘角向左。

棍　成斜橫棍勢（棍端一向西南上方一向東北下方）。

面目　轉向右前方注視（向西）。式如第八十八圖。

第八十八圖　躍進步右攬

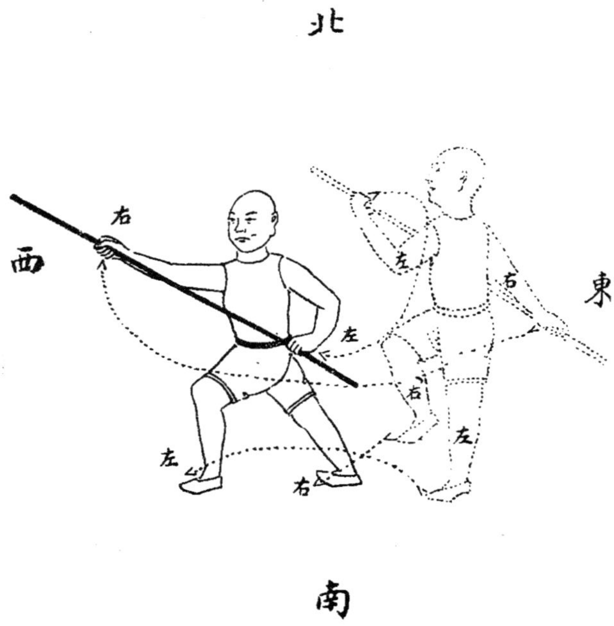

第八十動作（名稱）橫掃千軍（一）（說明）

「足」兩足尖向右磜轉。右腿曲膝向右。左腿挺直後支。成右弓左箭步。

「身」同時向右後轉。（由正南轉正北）身體重點。隨步右移。

「手」兩臂手。緊握棍杆。隨身步之右轉。以棍之右前端。向右橫揮。轉手背向上。成平箍橫掃勢。左臂手。握棍左端。仍貼左腰。原勢不變。

「棍」成橫平棍勢。

「面目」仍向右視。（向東）

（式如第八十九圖）

第八十九圖　橫掃千軍

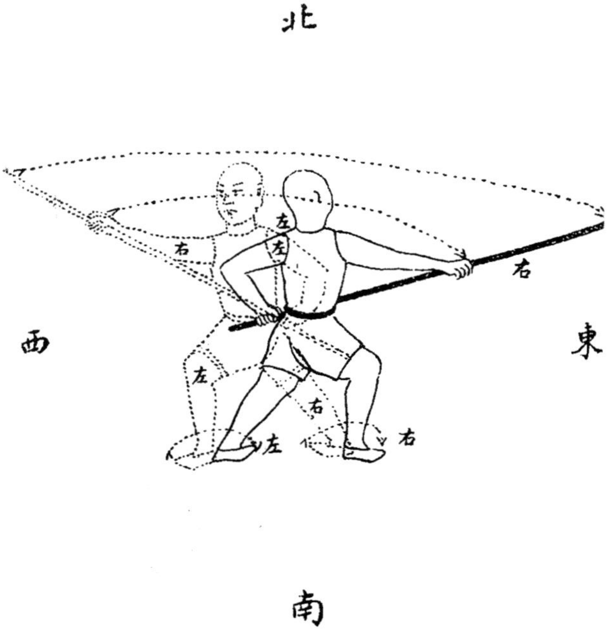

第八十一動作（名稱）橫掃千軍㈡（説明）

「足」左腿足。進向右足前方一步。（向東進。）右足尖向右礳。與身胸棍勢右轉同時。兩腿曲膝平蹬成馬襠步。（膝角足尖與身胸同一方向。）

「身」身隨步棍之轉進。同時由右向後轉。（由正北轉正南。）

「手」兩臂手亦與身步同時。轉棍之右端。橫向右平方揮擊。與上勢連成平面環轉。左臂手微向上提。（肘角向左。）

「棍」成橫平棍勢。棍之兩端。向左右側。（向西向東。）

「面目」仍向右視。（向西）

（式如第九十圖）

第九十圖　橫掃千軍二

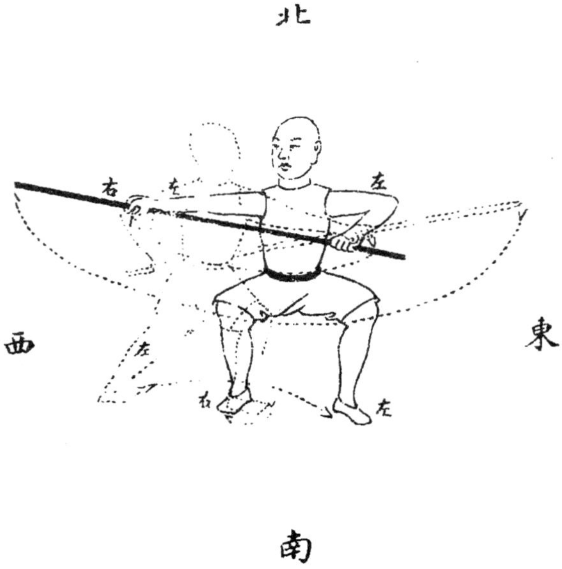

第八十二動作（名稱）右攔左擊（說明）

『身』身胸向右後轉。（由正南轉西北）

『足』同時兩足尖。向右礳轉。左腿足挺直膝灣後支。成右弓左箭步。

『手』右臂手。與身步右轉同時。以棍之右前端。向右下方攔格。直轉向後下方。臂肘挺直。（手虎口向右後下方。）左臂手。亦同時轉握棍之左端向上。隨身步之右轉。由上直向前方蓋擊。（向西北。）臂微曲。（手虎口向內。手背向上。）

『棍』成斜棍勢。棍之中部。貼接胸前。

『面目』轉向左視。（向西）

（式如第九十一圖）

第九十一圖　右攔左擊

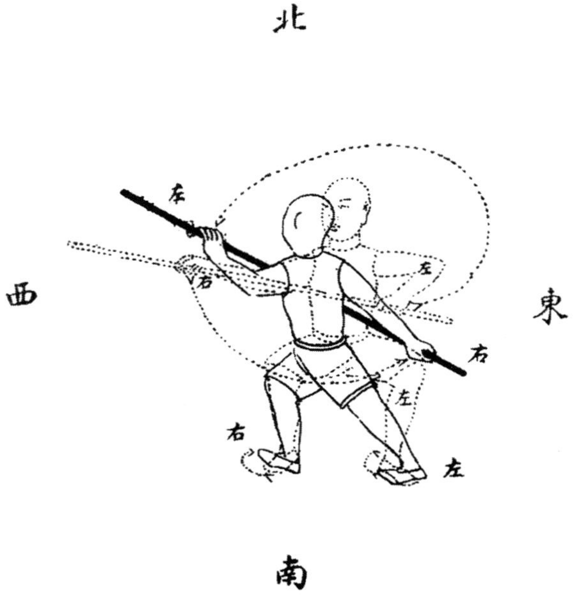

第八十三動作（名稱）轉勢抱琵琶（說明）

「手」左臂手。轉棍之左前端向下。與身步向左轉退同時。由下向後上轉。至左平方。成仰握勢。（手心向上。手虎口向肩。轉成手背向後下方。）曲臂肘向下。右臂手。亦同時。由後下方上轉向前。（西）以棍之右端下蓋。直落向右前下方。臂肘直垂右側。手勢近接右腿。（手心向內。手背向外。手虎口向左上方。）

「身」身胸與棍步轉退同時。向左後轉。（由西北。轉西南。）

「足」左足尖向左礳轉。直起左腿。（足尖與胸。同一方向。）右腿足。同時縮近左足前方懸立。膝微曲。（足尖膝角。向右前方。）兩足成丁步。

「棍」成斜棍勢。（棍端一向左上方。一向右下方。）

「面目」轉向右視。（向西）（式如第九十二圖）

第九十二圖 轉勢抱琵琶

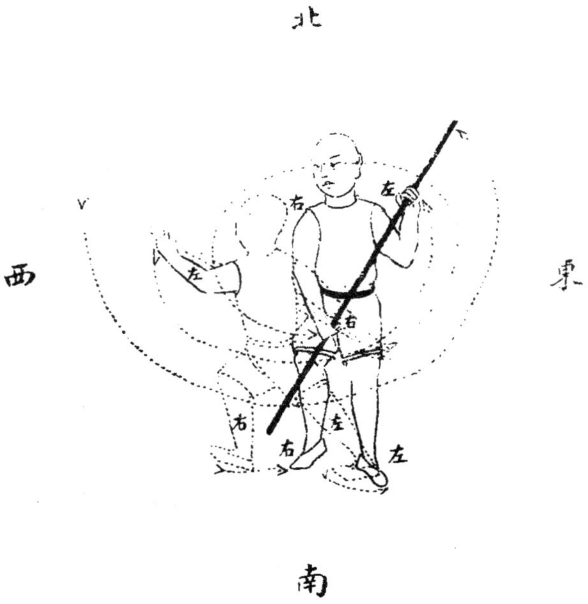

第八十四動作（名稱）躍進轉（說明）

手　兩臂手。握棍原勢不動。隨身胸足步之環轉躍進。（仍成原勢）

身　身胸在右足躍向前進落立時。向右後轉（由西南轉正北）在左足躍向前進落立時（向西躍進落立）仍向右後轉（由正北轉正南）連轉一週。與足步躍進同時動作。（身胸之連轉。與足步之躍進。均係一致連成。並無間斷）

足　右腿足提起。向前躍進一步（向西躍進）。左腿足隨時躍向右足前方落立（向西與身胸右後轉同時隨身胸變轉勢足尖在未落地時成一旋轉）右腿足復隨身胸之右後轉。急向左足前方一步（向西躍進）。轉進。膝角前曲。左腿挺直後支。成弓箭步

目　面目仍成右視。（向西）

（式如第九十三圖）

第九十三圖　躍進轉

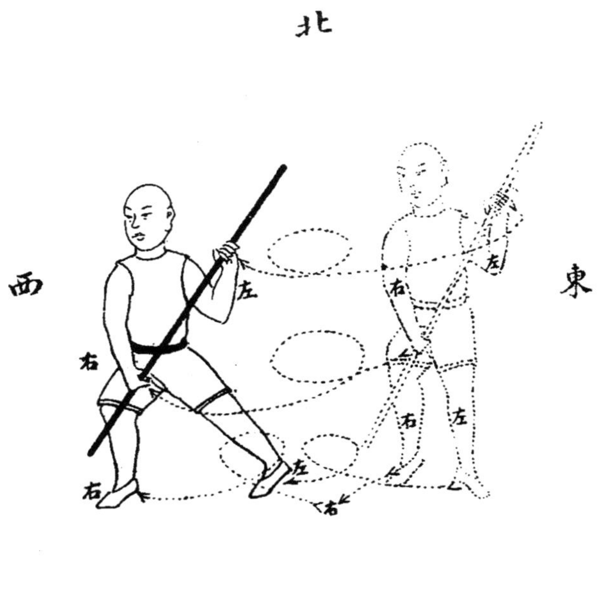

第八十五動作（名稱）鐵牛耕地（說明）

「足」兩足原步勢不動。

「手」左臂手。先移握棍之左端。右臂手轉手虎口向右。鬆握棍杆。然後兩臂手同時向右下方。左臂手。緊握棍端。由左上方。向右下搗。以棍之右前端。直搗向右前下方。（棍杆由右手心內。直穿向前。）右臂挺直。左臂肘微曲。近接胸前。

「身」身胸微向右轉（由正南轉西南）。

「棍」成斜棍勢。在體之右側前方。棍之前端着地。後端在握。

「面目」右視未轉。（向西）

（式如第九十四圖）

第九十四圖　鐵牛耕地

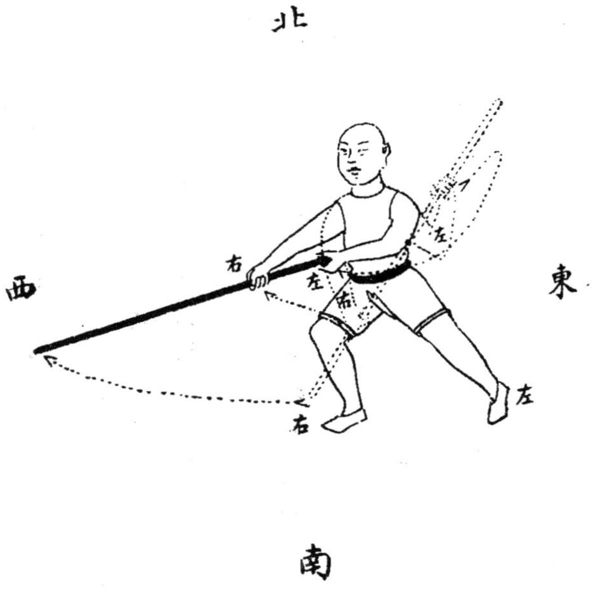

第八十六動作（名稱）縮步潛鋒（說明）

『手』右臂手緊握棍杆。挑起棍之前端。上轉向左。左臂手。隨時移握棍之中部。直抹向左平方。成仰握勢。（手虎口向左。拇指在上。）右臂手。同時轉棍之端向右。曲肘平肩。手接胸前右側。（手虎口向左。手背向上。）

『身』身胸方向未轉。（仍向西南。）身體重點。與棍之前端。上轉向左同時。向左後移。（偏重左足。）

『足』同時左腿足直立。右腿足縮近左足前懸立。膝角微曲。（足尖膝角向右前方。）

『棍』成橫平棍勢。貼接胸前。棍端向左右側。（向東西。）

『面目』向右注視。（西。）（式如第九十五圖）

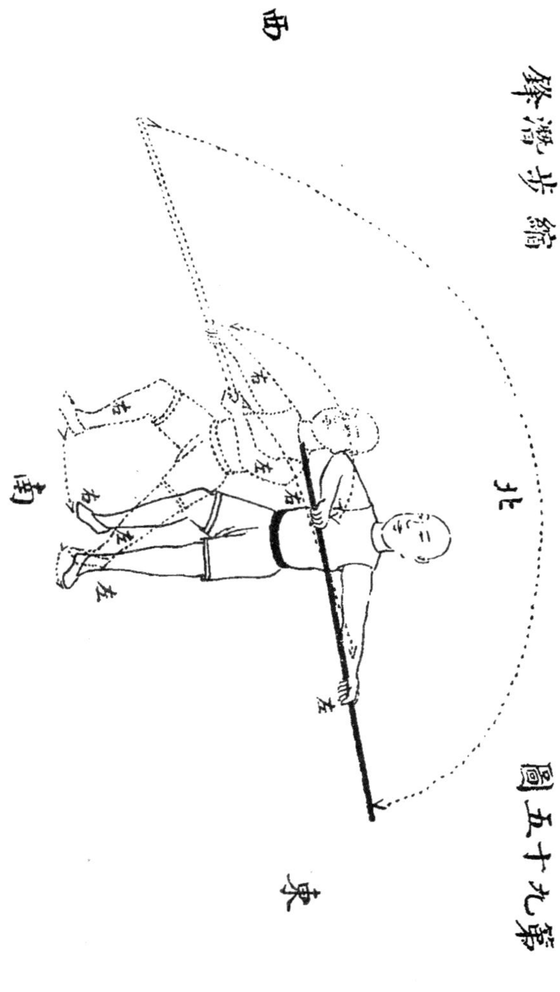

第九十五圖 縮步滑擊

第八十七動作（名稱）霸王舉鼎（說明）

足」右腿足。向前半步。（向西進。）進立。左腿足。隨時進向右足前方一步。膝曲向前。右腿挺直後支。成左弓右箭步。

身」在左足前進時。身胸向右後轉。（由西南轉西北。）

手」同時右臂手。隨身步之轉進。翻轉向右上方。（手虎口向左。手背向後。）左臂手。亦與身步進轉同時。直轉棍之左端。由下舉向左前上方。（左手棍。身胸右轉。與左足前進。同時並作。）轉手虎口向右。兩臂直舉向左右兩上方。

棍」成橫平棍勢。在首上方。（棍端向左右側方。）

面目」轉向左視。（向西）

（式如第九十六圖）

第九十六圖　霸王舉鼎

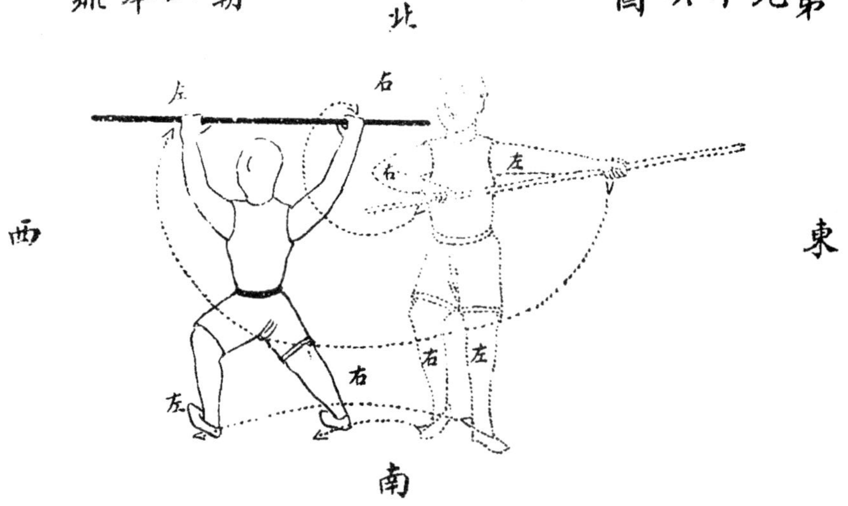

第八十八動作（名稱）回馬振鞭（說明）

『足』兩足尖向右磨轉。右腿曲膝向右下蹬。左腿足。隨之右轉。挺支在後。

『面目』轉向右視。（向東）

『身』身胸與足步同時向右轉。（由西北轉東北。）

『手』左臂手。同時鬆開四指。轉托棍之左端。向首上方一揮。釋離棍杆。成單掌勢。臂肘微曲。（肘向左角）同時右臂手。緊握棍端。轉棍之上端。直向右下方地面一擊。同時身體微向右側前傾。臂肘挺直。

『棍』成斜垂棍勢。一端着地。（向東）一端在握。

（式如第九十七圖）

第九十七圖

回馬振鞭

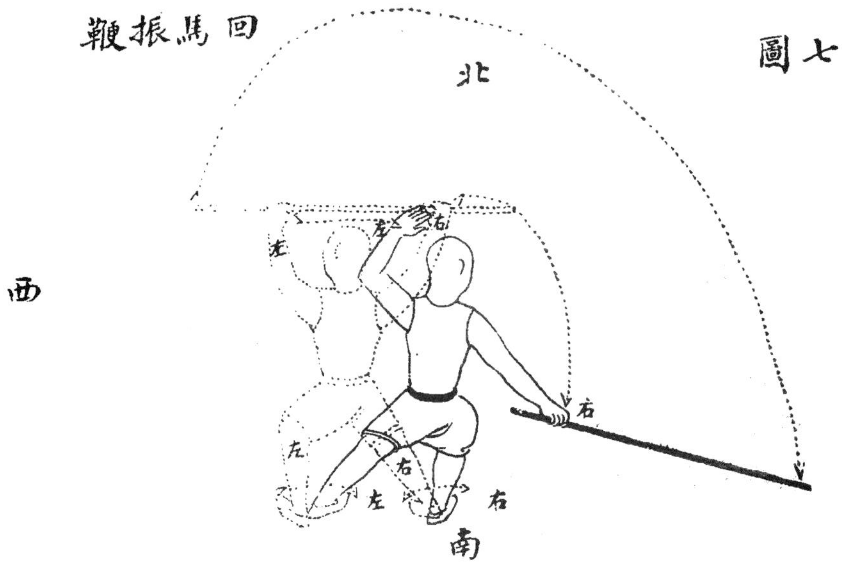

第八十九動作（名稱）飛棍掉把（說明）

『手』右臂手。握棍之端。猛力向上一揮。撒手鬆開棍端。揮向右前方。隨時迎握棍之下端。成掉端換把勢。臂肘平直。（在揮棍向上時。手心向上。在迎握棍端時。手心向下）左臂手。亦同時。直向左下方一揮。仍成掌勢。（與右手揮棍同時。為一上一下）

『足』左右兩腿足。與揮棍向上轉把同時。微向上起。成右弓左箭步勢。

『身』隨步上起。方向未轉。（仍向東北。）

『棍』成單握斜棍勢。棍之上端。向右上前方。

『面目』右視。（向東）

（式如第九十八圖）

第九十八圖　飛棍掉把

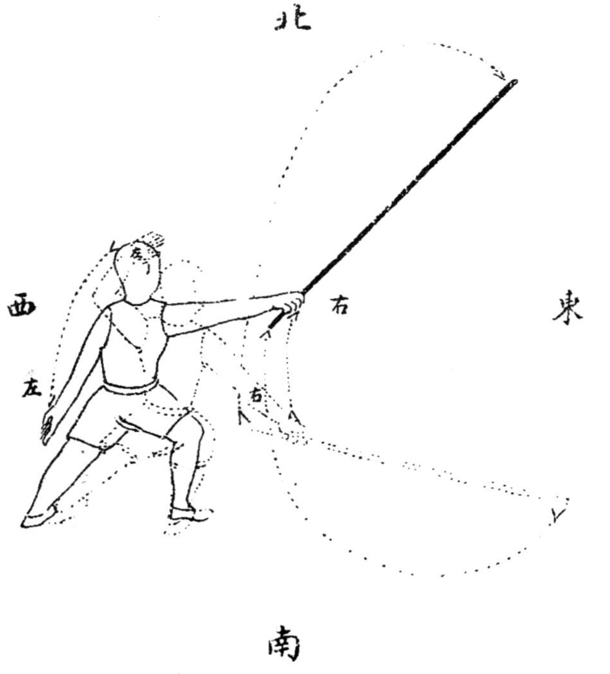

第九十動作（名稱）退轉四平（說明）

「足」右腿足。退向左足後方一步。左腿膝角前曲。成左弓右箭步勢」。

「身」同時身胸向右後轉。（由東北轉東南）

手 右臂手 隨身步之轉退 同時抽棍之握端。直向右後下方 左臂手。亦同時。向前迎握棍之中部。直抹向左前方。移握棍之前端（手虎口均向左兩手心遙對成陰陽手握勢）

「面目」轉成左視 向東

「棍」成橫平棍勢 棍之中部 貼接腹前。兩端向左右兩側。（向東西）

（式如第九十九圖）

第九十九圖 退轉四平

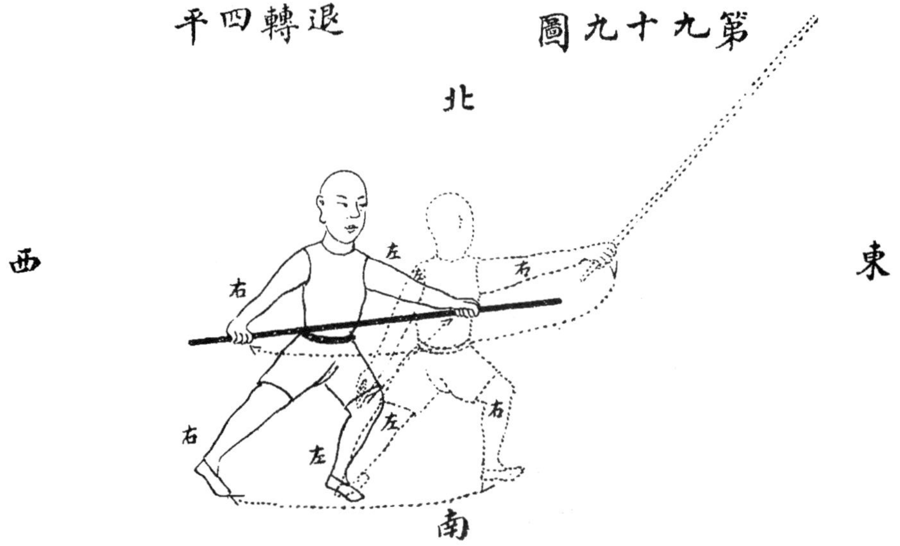

第九十一動作（名稱）倒騎龍（說明）

『身』身體重點。隨步向右後移。身胸方向。同時向右轉。（由東南轉西南）

『足』右足尖。向右碾轉。（向西轉。）左腿足。由右足前方。向右一步。（向西）膝角曲向右斜方。右腿挺直後支。兩腿足。與身胸成拗步倒跨勢。

『手』左臂手。鬆握棍杆。原勢不動。右臂手。握棍右端。與身步同時。直抽向右平方。腕部微曲。（手虎口向左。手背向上。）

『棍』成橫平棍勢。近貼胸前左側。棍端向左右側方。（向東西。）

『面目』向左注視。（向東）

（式如第一百圖）

第一百圖

倒騎龍

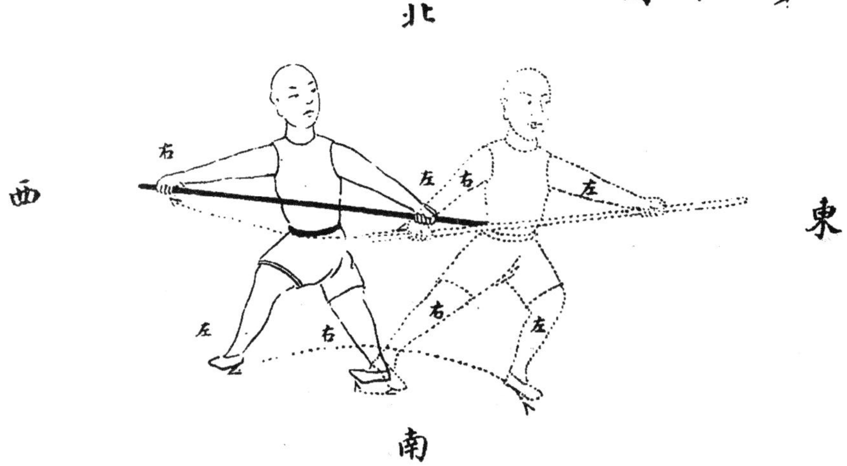

第九十二動作（名稱）玉女穿梭（一）（說明）

「身」身體重點。隨步左移（向東）身胸同時向左轉。（由西南轉東南）。

「足」左腿足。仍向右足之左前方約半步（向東）曲膝懸立（足尖膝角向左前方。）右腿足。同時曲膝平蹬。（足尖膝角與身胸同一方向。）

「手」左臂手。鬆握棍杆。（以便棍杆由手心內向左穿進。）在身步向左轉進。與棍之左端向左平穿時。手臂微向上抬。（至左平方。）右臂手。亦同時。轉指握托棍之右端。向左平穿。以棍之左前端。穿向左平方。同時手離棍端。成單掌勢。近接胸前。（掌心向內。）臂肘平曲。

「棍」成單握平棍勢。在體之左側前方。

「面目」仍向左視。（向東）（式如第一百零一圖）

第一百零一圖　玉女穿梭

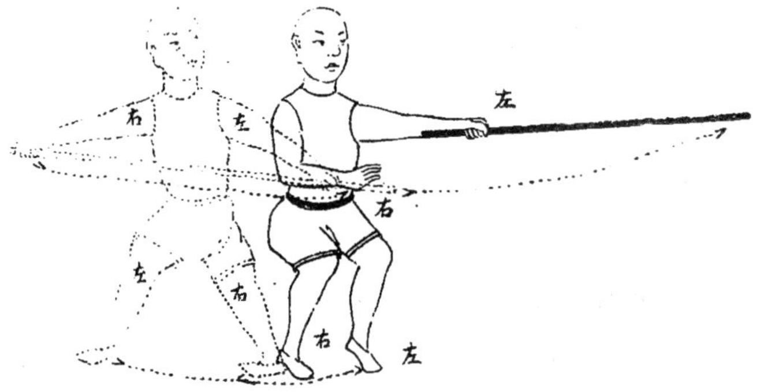

第九十三動作　名稱　玉女穿梭（二）（說明）

足　左足向前約半步（向東進）右腿足　隨時進向左足前方一步。（向東進）膝角前曲　左腿挺直膝灣後支　成右弓左箭步勢。

身　同時身胸向左後轉（由東南轉東北）

手　右臂手　與身步轉進同時　向前迎握棍之中部　直抹向棍之前端右平方（手虎口向右背同方向　拇指在上手背與體）左臂手　亦同時抽轉棍之左端　直向左平方（手虎口轉向左側手背向上）　兩臂手與棍勢　成一字形。

棍　成橫平棍勢　貼接胸前及兩臂　棍之兩端向左右側。（向東西）

面目　轉成右視（向東）

式如第一百零二圖。

第一百零二圖　玉女穿梭二

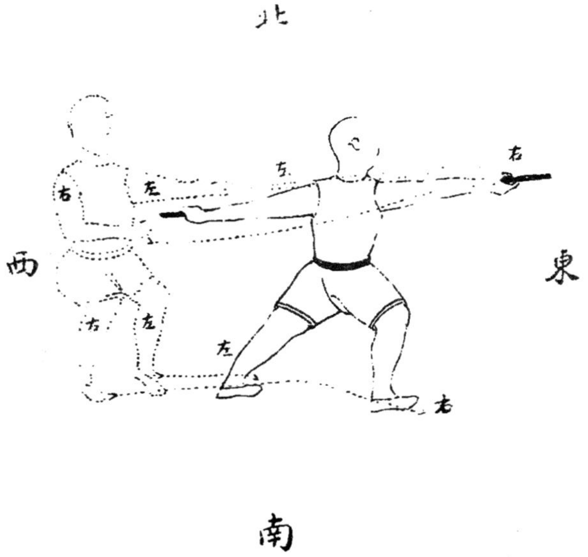

第九十四動作「名稱」玉女穿梭（三）（說明）

「面目」轉向左視（向西）

「身」身體重點左移　身胸同時向左轉（由東北轉西北）

「足」兩足尖向左碾轉　左腿曲膝向左　右腿挺直後支　成左弓右箭步

「手」左手鬆握棍杆（以便棍杆由手心內向左穿進）與身步同時向左。仍直向左平方　右臂手。亦同時托擲棍之右端。向左平穿。以棍之左端　穿向左平方　同時手離棍端。成單掌勢。近接胸前（掌心向內）臂肘平曲

「棍」成單握平棍勢　在左側方。棍端向西穿進　一端仍在左握。（式如第一百零三圖）

第一百零三图　　玉女穿梭三

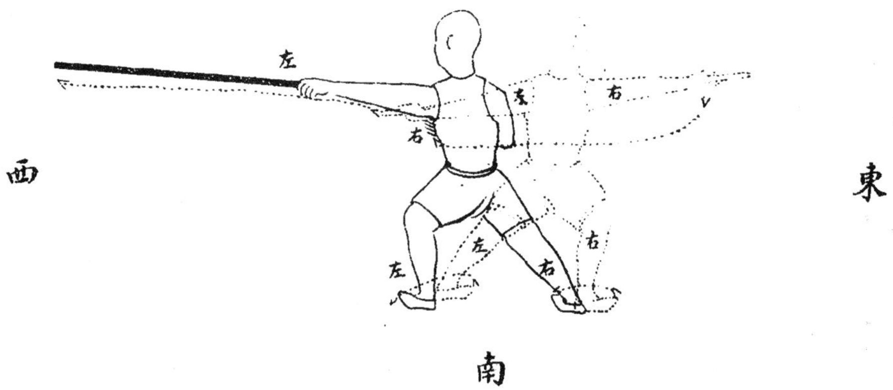

第九十五動作（名稱）玉女穿梭（四）（說明）

足　右腿足。進向左足前方一步（向西進）膝角前曲。左足尖。向左磨轉。左腿挺直後支。成右弓左箭步。

身　身體重點。隨步前進。同時身胸。向左後轉。（由西北轉西南）

手　右臂手。與身步轉進同時。向前迎握棍之中部。直抹向右平方。鬆握棍之右前端。（四指端向右。拇指曲握棍杆。）左臂手。亦同時。抽轉棍之左端。直向左平方。兩臂手。與棍勢。成一字平綫。

棍　成橫平棍勢。貼接胸前兩臂。棍之兩端。向左右側。（向東西）

面目　轉向左視。（向東）（式如第一百零四圖）

第一百零四圖　玉女穿梭四

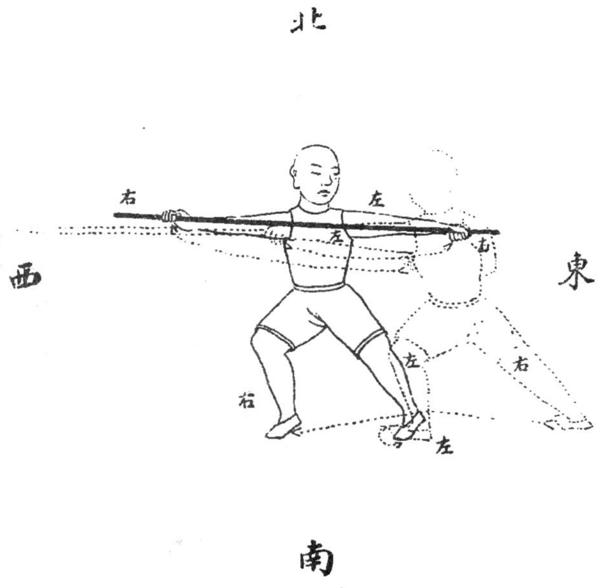

第九十六動作（名稱）左旋右蓋（說明）

『足』兩足尖向左磨轉。左腿曲膝向左。右腿足挺直後支。成左弓右箭步。

『身』身體重點。隨步左移。同時身胸向左轉。（由西轉東南）。

『手』右臂手。與身步向左轉進同時。轉棍之右端向上。由上蓋向左前平方。左臂手。亦同時轉棍之左端下旋。向右上轉。至右後平方。臂曲胸前。手握棍杆。貼接右脇下方。

『棍』成橫平棍勢。棍之中部。轉貼胸前。棍端仍向左右側方。（向東西）

『面目』左視（向東）（式如第一百零五圖）

第一百零五圖 左旋右蓋

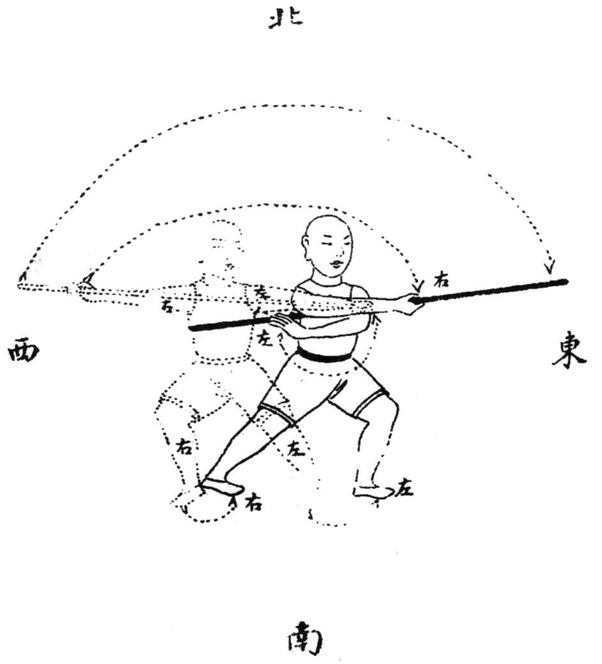

第九十七動作（名稱）山猿展臂（說明）

『身』身體重點。隨步退向右移。（向西）方向未轉。（身胸仍向東南。）

『足』右腿足。曲膝平蹬。（足尖膝角。與身胸方向同。）左腿足。同時縮回右足前方半步。曲膝懸立。（足尖膝角。向左前方。）

『手』右臂手。轉棍之右前端。與身步退轉同時。直落向右後下方。（手虎口向後下方。手心向上。手背向下。反）成反握勢。轉棍之後端貼向體背之左後方。左臂手。亦同時。鬆離棍杆。由胸前上轉。向左平方。成掌勢。（指端向左。拇指曲貼。）臂微曲。肘角向下。

『棍』成斜棍勢。貼接體背後方。

『面目』左視。（向東）（式如第一百零六圖）

第一百零六圖　山猿展臂

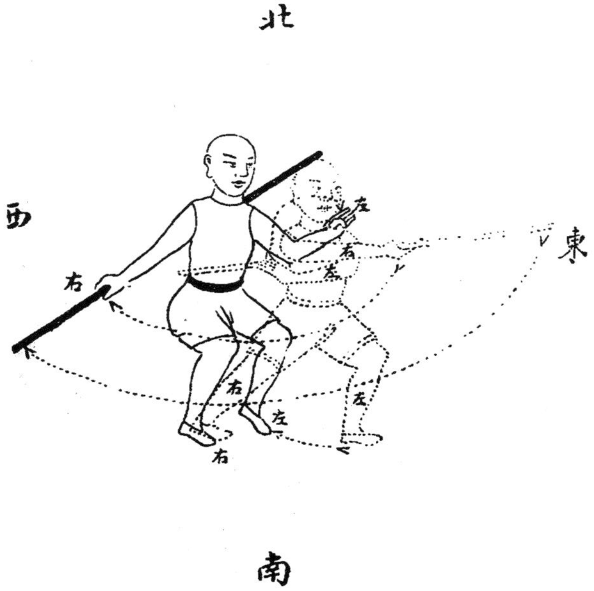

第九十八動作（名稱）直起右挑（說明）

「足」右腿足，上起直立。左腿足，同時上起，仍懸立右足前方。（足尖膝角向左前方）兩足成丁字步。

「手」右臂手，同時轉棍之下端，由後向前上挑，至左前平方。（手虎口向前手背向上）左臂手。亦同時由下向右。至右脇下，迎托棍之中部。（拇指貼脇四指在外指端向右後方棍杆在手虎口上方）

「身」隨步直起。身胸方向未轉。（仍向東南）

「棍」成橫平棍勢。轉貼胸前。棍之兩端，仍向左右兩側（向東西）。

「面目」左視。（向東）

（式如第一百零七圖）

第一百零七圖　直起右挑

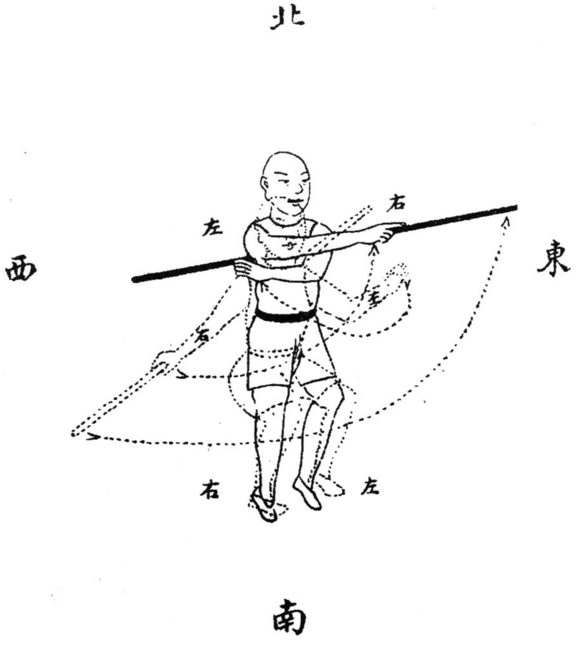

第九十九動作（名稱）挑轉托（說明）

『手』右臂手。轉棍之前端。由左前方上轉。向右下落。在右手轉至首部右側時。曲肘角向下。手虎口轉成托棍勢。下落胸前右側。（拇指貼接胸前。手心向內。指端向左。）同時。左臂手。轉棍之後端。由下向左前平方挑托。（手虎口向上。托握棍杆。指端向左。）

『足』兩腿足。同時曲膝平蹬。左足仍成懸立勢。（足尖着地。膝角向左。）（右膝角足尖與身胸同一方向。）

『身』隨步下蹬。身胸方向未轉。（仍向東南。）

『棍』成橫平棍勢。近接胸前。棍端仍向左右側方。（向東西）

『面目』向左注視。（向東）

（式如第一百零八圖）

第一百零八圖　挑轉托

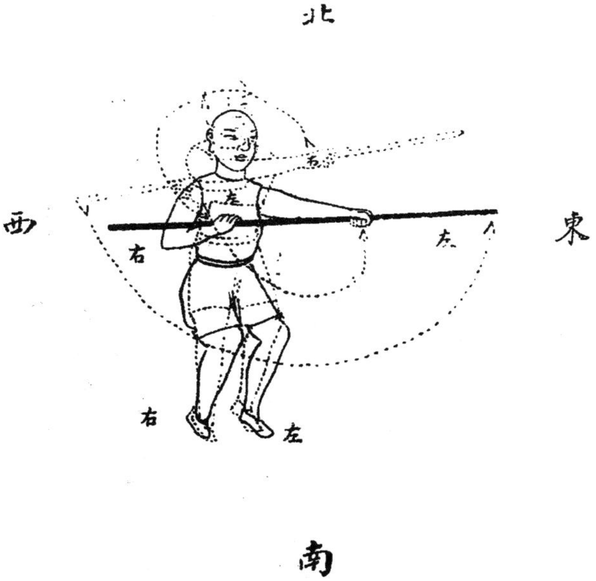

第一百動作　名稱　收勢立正（說明）

足　右足尖向右磨轉、右腿直膝起立、左腿足、縮向右足左側靠齊並立、兩足跟成一綫、足尖分成八字形、腿膝並攏、成立正姿勢、

身　身胸與步同時、微向右轉（由東轉正南）

手　右臂手、轉棍之右端、由右側方向下。直落右足之右側方地上、棍端貼接足尖、右手直垂右側、扶握棍杆。左臂手亦同時轉棍之左端上轉向右落立、手由面前肩側。釋離棍杆、向左垂落成掌勢、貼接左腿

棍　成直立棍勢、緊貼體之右側

面目　仍向左視、（向東）式如第一百零九圖）

第一百零九圖　收勢立正

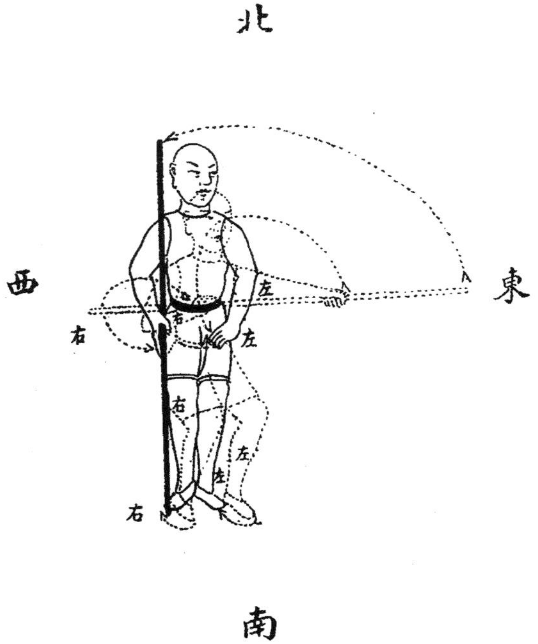

中西書局發行國術書一覽表

書名	價目	書名	價目	書名	價目
十八般武藝全書	一元八角	中國技擊精華	四角八分	西洋女子八段錦	大洋二角
少林雙刀圖解	大洋六角	日本武術大全	七角二分	梁夫人八段錦	大洋二角
太極劍圖說	三角六分	以一敵百神傳護身術	大洋七角	練打暗器秘訣	大洋九角
三十六板櫈秘傳	三角六分	先天羅漢拳十八手圖勢	大洋二角	張三丰太極秘煉丹秘訣	七角二分
秘本武松拳譜	四角八分	秘本岳飛八段錦	大洋二角	張三丰道術武術匯宗	一元二角
秘本金台拳譜	四角二分	秘本達摩易經筋	大洋二角	註解內功煉丹秘訣	一元二角
秘本魯智深拳譜	三角六分	秘本强身不老法	大洋二角	煉氣行功秘訣	四角二分
秘本廿鳳池拳譜	大洋三角	秘本房中八段功	大洋二角	練軟硬功秘訣	四角二分
岳家棍圖說	五角六分	秘本處女運動術	大洋二角	練軟硬功秘訣續編	四角八分
少林拳圖解	五角四分	秘本婦女護身術	大洋二角	行俠家傳秘抄	五角四分
南拳入門	大洋四角	拳門必勝術	四角八分	臨機應門秘訣	四角八分
擒拿法眞傳秘訣	五角四分	點穴法眞傳秘訣	五角四分	傷科眞傳秘抄	五角六分
健身十三法掛圖	售洋二角	俠客秘步五遁隱身術	四角八分	藥功眞傳秘抄	五角六分

上列價目已照定價折實函購另加寄費一成郵票通用

版權所有
不准翻印

維揚郭粹亞先生編

岳家棍圖說

全一冊

定價大洋一元六角

藏版者　墨井書屋
出版者　武俠社
印刷者　上海中西書局
總發行所　上海望平街中西書局
各省中西書店均有分售
台灣分經理處（嘉義）新市場蘭記書局